U0153828

王道
一以貫之

施振榮／知王道 行王道

政大出版社
Chengchi University Press

施振榮 —— 著

林信昌 —— 整理

國家圖書館出版品預行編目（CIP）資料

王道一以貫之：施振榮／知王道 行王道 / 施振榮
作. -- 初版. -- 臺北市：國立政治大學政大出版社，
2023.07
　面；　公分

ISBN　978-626-97015-9-9（平裝）

1.CST: 企業經營　2.CST: 企業管理

494.1　　　　　　　　　　　112010185

王道一以貫之：
施振榮／知王道 行王道

作　　者｜施振榮
整　　理｜林信昌

發 行 人　李蔡彥
發 行 所　國立政治大學政大出版社
出 版 者　國立政治大學政大出版社
合作出版　國立政治大學信義書院
總 編 輯　廖棟樑
執行編輯　林淑禎
地　　址　11605臺北市文山區指南路二段64號
電　　話　886-2-82375669
傳　　真　886-2-82375663
網　　址　http://nccupress.nccu.edu.tw

經　　銷　元照出版公司
地　　址　10047臺北市中正區館前路28號7樓
網　　址　http://www.angle.com.tw
電　　話　886-2-23756688
傳　　真　886-2-23318496
郵撥帳號　19246890
戶　　名　元照出版有限公司

法律顧問　黃旭田律師
電　　話　886-2-23913808

初版一刷　2023年7月
定　　價　260元
I S B N　9786269701599
G P N　1011200776

政府出版品展售處
• 國家書店松江門市：104臺北市松江路209號1樓
　電話：886-2-25180207
• 五南文化廣場臺中總店：400臺中市中山路6號
　電話：886-4-22260330

尊重著作權·請合法使用
本書如有破損、缺頁或倒裝，請寄回更換

本書由公益出發，版稅捐贈
國立政治大學商學院「信義書院」，
用於支持該中心投入企業倫理與永續研究。

推薦序────────────────

想更深、更遠、更廣的王道經營哲學

　　很榮幸邀請施振榮先生蒞臨政大公企中心開設「王道薪傳私塾」，傳授他奉行一生，一以貫之又與時俱進的經營心法，透過問與答和深入討論，釐清王道思維實踐的各種挑戰，並進一步將課程精華集結成冊，與讀者分享這個經得起時間考驗的永續經營思維。

　　隨著永續發展的意識逐漸抬頭，社會大眾也期待企業的作為要有所不同，需要更重視環境保護、社會關懷，更具有社會責任的意識。施先生所倡導的王道思維，融會東西方倫理思想的精髓，強調領導者從理念出發，以王道的核心價值形塑組織文化與 DNA，並提出六面向價值總帳論，提醒經營者在創造價值的同時也兼顧利害關係人之間的利益平衡。其實這正是

ESG 與永續發展概念的體現，不得不佩服施先生早在半世紀前創業 Day 1 已具備如此遠見與胸襟。

在本書的五個部分中，施先生都一再強調「長期」的重要性，希望領導者考慮時間的因素，無論是形塑組織的文化、創新與變革、品牌經營乃至企業傳承與人才培育，都不應急功近利，要有耐心、慢慢累積。要能持續進步、動態調整、不害怕變革帶來的痛苦、從錯誤中學習經驗，在拉長的時間軸上，隱性的價值就得以顯現。

這十多年來，在政大商學院信義書院開設的「企業倫理與社會責任」課程中，我經常對學生強調，這門課不是教條課，不是想灌輸學生什麼是對的，什麼是錯的；經營管理決策的真諦是，凡事想廣泛一點、想深遠一點、想長久一點。這也正符合施先生所強調的，領導人應該要把外部的、長期的、隱性的成本和價值都考慮進去。信義書院長期推動企業倫理與企業社會責任，透過發展教材與研究、辦理課程及論壇活動，持續培育師資與永續人才，也是經過了不算短的

時間，才慢慢地看到了影響力擴散的成果。因此，我深切地認同施先生所說「看長期來算總帳，才能追求永續發展」。

在與施先生合作這個「私塾」過程中，我觀察到許多企業或基金會領導人，還有準備接班的二代，在經營的過程中，有不少疑問與待確定之處，想要找人請教或是討論。聆聽施先生與「私塾」與會者的對談，還有他們的心得分享，讓我自己收穫良多。回想自己一路走來，運氣極佳地遇到許多位不吝提攜後進的長輩，不只受到言教身教，更看到長輩們總是不忘初衷、堅持原則，時時刻刻想著怎麼做更多善的事，影響更多人，讓社會更好。這種精神和典範，才是對後輩是最大的鼓勵和動力。期待透過本書的出版，讓王道思維進入更多領導者的心中，攜手共創永續！

政大公企中心主任／政大商學院信義書院執行長

別蓮蒂

作者序 ——————————————————————

王道一以貫之

　　從我創業的第一天，我就開始實踐王道，一路走來至今仍奉行王道。

　　在我創業之前，我是在傳統紡織業所投資的公司——榮泰電子就業，專注開發掌上型電算器（在此之前我第一個工作是在環宇電子開發出台灣第一台桌上型電算器，與榮泰是同一個老闆），當年榮泰也可謂是青年人的天地，雖然我學習到很多，但也看到老闆在公司治理上的盲點。

　　也因此，後來在我創業時，就有了王道的想法，關心的是如何創造價值、如何利益平衡，且在 Day1 就以使命感來引領公司朝永續發展努力。

　　所以在宏碁創立後，我也提出許多創新的思維來經營公司，諸如人性本善、分散式管理、為員工繳學

費等等，這些在當時都是非主流的管理思維，但也因此，吸引許多年輕人願意與我們一起攜手共創價值。

在宏碁我們積極培育人才，並提供一個讓人才可以發揮潛力的舞台，雖然也曾經有人會笑我說是在培養自己將來的競爭對手，不過我認為就算人才將來不留在公司服務，也是替產業、替社會培育人才，也會對社會做出貢獻。

從王道來看，雖然「有形、直接、現在」的顯性價值大家比較有感，但創造「無形、間接、未來」的隱性價值，卻往往會帶來更長遠的影響力，而培養人才就是一項長期對隱性價值的投資，最終往往能為企業帶來長期最大的總價值，所以我常說經營企業要算總帳，不能只看一時。

更重要的是，經營企業要持續提升競爭力，關鍵就是要不斷創新才能創造價值，而誘因，就是要提供一個同仁能夠攜手共創價值的舞台。所以宏碁一路走來，建立集體創業、員工入股等機制，都是從王道來思考，搭建起一個可以共創價值且利益相對平衡的舞

台。

　　本書緣起於我與政大公企中心攜手開辦「王道薪傳私塾」課程，探討企業領導人經營過程中經常面對的五個重要議題，包括「王道思維與永續經營」、「創新創業與變革」、「品牌經營面面觀」、「台灣定位與國際化」、「企業傳承與人才培育」，整理成本書的內容。

　　尤其呈現方式上，除了分享我的王道經營理念之外，特別將課堂上學員的提問，以及我在其他場合演講時大家經常關心的問題，以問與答的對話形式，一方面分享經驗，一方面也希望能為大家解惑。

　　從本書書名「王道一以貫之」，可以了解我創業一路走來，始終奉行王道，尤其重要的是－「知王道、行王道」，在了解王道的核心信念之外，更重要的是如何實踐，將王道精神落實在企業日常的經營中。

　　最後，我也要特別感謝政大公企中心主任別蓮蒂教授與臺大國際企業學系名譽教授李吉仁，與我一同

授課開講並主持討論，以及課堂上所有參與討論的學員。也希望藉由本書，能將王道的思維帶給大家，讓大家在行王道的路上不感到孤單且更具信心，最終微笑走出自己的一條路。

宏碁集團創辦人／智榮基金會董事長

施振榮

目次

附錄

第一部
王道思維與永續經營

■新王道

「王道」係源於 2500 多年前的儒家思想，由儒家代表人物孟子提出，當時王道談的是為王之道，主要是強調以德服人的思維，孟子還提出「民為貴，社稷次之，君為輕。」在當時那個時代，思想家就已提出「天下為公、世界大同」等觀念，是中華文化很重要的中心思想。

到了今日，我重新加以詮釋並賦予新的意義，我談的「新王道」並非帝王之道，而是大大小小組織的領導人之道。

註：2011 年我與陳明哲教授（美國維吉尼亞大學達頓商學院講座教授；國際管理學會 Academy of Management 終身院士暨前主席，協會係由 2 萬多位教授組成）為了培育華人全球企業領導人，因此開辦傳承班，並命名為「王道薪傳班」，正式提出王道思維。

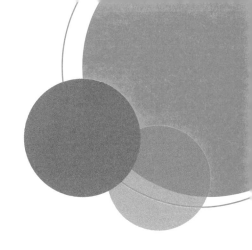

　　雖然我是在 2011 年才正式提出王道思維的倡議，但實際上我在 1976 年創辦宏碁就開始實踐王道，並提出**人性本善**的組織文化，創業一路走來更都是以王道精神經營企業。

■新王道三大核心信念

　　新王道的三大核心信念就是「創造價值、利益平衡、永續經營」。

　　這三大核心信念也與中國傳統的「天、地、人」思維相互呼應。創造價值談的是**地道**，強調的是出自《易經》的「地勢坤，君子以厚德載物」；利益平衡則是**人道**，強調的是「仁禮」，談的是多方間的相互關係與秩序；永續經營談的則是**天道**，強調的是「天行健，君子以自強不息」。

　　在三大核心信念中,「創造價值」是重中之中,所創造的價值,更要由「六面向」來看待。而如何才能為社會創造價值呢?關鍵就要思考如何藉由不斷創新持續創造價值。舊的事物在發展過程中慢慢會貶值,只有透過不斷創新,才能繼續創造出新的價值出來。

　　其次談到「利益平衡」與「永續經營」,由於價值需要有很多利益相關者攜手共同創造,因此在創造價值外,還要建構一個所有利益相關者可以共創價值的機制,且要確保利益相對平衡,所有參與者才能相互信任並攜手合作,如此才能永續,否則一旦利益不能平衡,利益相關者就會無法共創價值,原本的生態就會無法永續發展下去。

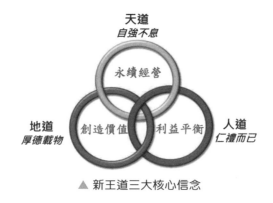

▲ 新王道三大核心信念

■六面向價值總帳論

　　而為了要創造價值，我也特別提出「六面向價值總帳論」，強調所創造的價值要從六個面向來看待事物的總價值，在「有形、直接、現在」的顯性價值外，更要重視「無形、間接、未來」的隱性價值，並隨著時間與客觀環境來調整六面向的權重，六面向價值的平衡發展長期才能創造最大的總價值。

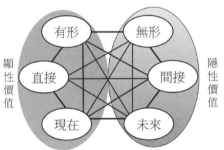

- 核心理念為六面向價值不滅理念
- 掌握各面向價值的相互影響因素及建立有效轉換機制
- 六面向價值之平衡發展可達長期總價值的體現

▲ 六面向價值總帳論

　　管理學過去對「有形、直接、現在」的顯性價

值，已發展出可以具體量化的 KPI 指標，有系統的量測方法及工具，相較之下，目前對於「無形、間接、未來」的隱性價值，由於不易具體量化，因而較未受到重視。

領導人要為組織及社會創造價值，在顯性價值之外，還要兼顧隱性價值，例如組織文化、人才培育、品牌、研發等等，都是「無形、間接、未來」的隱性價值，領導人要重視並投入心力及資源，顯隱並重，以追求長期最大的總價值。

過去資本主義以會計報表來呈現企業的價值，但會計報表明顯是以顯性價值做為會計項目，組織文化、人才培育、品牌經營、研發項目的投入卻成為財務報表的負擔，這樣會導致部分領導人為追求短期美化財務報表，而不投入研發或培養人才。

從王道的隱性價值來看，組織文化、人才培育、品牌經營、研發的投入，都是企業的隱性資產，長期持續投入才能累積企業的競爭力，最後會反映在企業的顯性價值中，如果領導人不對隱性價值做投資，長

期下來對企業的永續發展有不利的影響。

　　我在 2015 年與台灣大學會計系劉順仁教授一同推動「王道經營會計學」專案計畫，就是希望能改變現行會計制度較偏重看得見的「有形、直接、現在」的顯性價值與成本，並將看不見的「無形、間接、未來」的隱性價值與成本，用王道報表來呈現，在財報的「附註」中做說明。

　　為了評估隱性價值的部分，企業應擬定組織內部自己的評估準則，持續長期且定期（每季或每年）編列，做為公司內部經營的重要參考。那要如何來評估隱性價值呢？由於不同產業有不同標準，所以可以和同一個產業內的同業互相比較，或和自己前後做比較，長期下來就可以看出對隱性價值的投資是否具有效益。

■利益相對平衡、動態平衡

　　利益平衡也是王道思維重要的核心理念之一。社

會價值是由所有利益相關者共同創造，利益（也有六面向）也是創造價值的重大誘因，只有利益平衡才能確保發揮團隊力量及持續合作。

這裡有個很重要的觀念，從王道來看利益平衡，所謂的「平衡」並沒有絕對的平衡，只有**相對**的平衡。此外，利益平衡是一種**動態**的平衡，平衡隨著時間與狀況的不同，平衡的機制也需要隨時加以調整。

很重要的是，利益沒有絕對的平衡，要看彼此誰主導、誰配合，誰投入的資源大、承擔的風險多，在這個過程中建立起一個動態平衡，如此才能永續發展，領導人就要確保長期能不斷創造價值且利益相對平衡。

西方民主政治的理念是人人平等、一人一票，從這個角度來看，這是**絕對平衡**，但從社會文明進步的實際發展來看，每個人對於社會貢獻的價值有所不同，因此，談利益平衡不應追求**絕對平衡**，而是要追求**相對平衡**、**動態平衡**，需要有權重的概念來做修正。

■王道的利益相關者（Stakeholder）

王道所談的利益相關者是有範圍的，包含了客戶、員工、股東、供應商、經銷商、銀行等等，甚至還包含了沒有生命的社會、環境，企業追求利益平衡也要把對社會和環境的影響考量進去，談王道就是在企業自己選定的範圍內，照顧所有的利益相關者。

早期企業經營往往將環境成本外部化，但其實環境汙染也是有成本的，只不過企業將成本外部化，看起來短期好像賺錢，但碳排放或汙染環境的成本卻是由社會來共同承擔，沒有反映在企業個別的財務報表上。

但是將成本外部化的模式無法永續，因為沒有考慮到對所有的利害相關者的影響。

■ ESG 的實踐與永續發展

為追求永續，西方提出了「ESG」（Environmental

環境保護、Social 社會責任、Governance 公司治理），用以評估企業是否善盡社會責任及是否重視永續發展，近年成為顯學，受到外界的高度重視。

從公司治理的角度來看，早年台灣的企業家常把公司的錢與個人的錢混為一談，沒有公司治理的概念，常認為「我是公司大股東、創辦人，這個公司就是我的」。也由於欠缺公司治理，原本很成功的公司甚至因此最後倒閉。

對此我也銘記在心，1976 年創辦宏碁時，我與我太太占了 50% 持股，但我當時就提出公司的決策不是用股權來做決定，而是採用**我家之外**的「多數決」做決策，因為我們是集體創業，我希望在多數人贊同下做決策。

後來公司有機會釋出 10% 讓非共同創業者的經營團隊入股，當時雖然入股的人每人只有 2%（如今他們都是高科技公司的董事長），我也特別安排讓他們可以準董事名義輪流來參與董事會的運作，這也是從公司治理角度所做的安排，希望與同仁攜手共創價

值。

雖然當時宏碁實施全員入股，分享營運成果給員工，但還沒有上市計畫，不過每一季都會提出公司的財務報告，並依報告的每股淨值，做為新員工的認股價格，以及在員工離職時，公司買回員工股票的價格。

此外，宏碁在還沒有獨立董事之前，就已經有外部董事，為的就是讓董事代表多元化，可以更多方考量利益相關者的利益平衡。宏碁的公司治理原則就是「誠信、公開、透明、負責」，由內而外不斷地落實。

■公司治理的核心精神

公司治理的核心精神，我認為就是「誠信、透明、公平、負責」這四個原則。

經營企業，對於利益相關者，都要秉持**誠信**。企業的重要決策會影響到利益相關者的權益時，決策的程序一定要**透明**。

對於大小股東，經營者要**公平**對待，一視同仁，同時要利益迴避。最後就是對經營成果，隨時自我檢討，採取措施，要對所有股東**負責**。

有一些經營者會有錯誤的認知，認為公司治理是站在保護小股東的立場，用來限縮經營者及大股東的權力，會對其經營產生干擾，因而往往產生抗拒，不願建立公司治理的機制。

其實這是不對的，很重要的一個觀念是，公司治理對經營者及大股東的利益是一致的，並不是衝突的。

我的思維很簡單，當我保護了小股東的權益時，因為我是最大的股東，保護了一個你（指小股東）就等於保護了千個**我**、萬個**我**的利益，對小股東有利，我是大股東自然也會受益，這也是「利他是最好的利己」的道理。

■ Day1 就要落實 ESG

企業的存在是因應社會的需要而成立，所以企業成立要先問能對社會提供什麼新的價值，透過企業來滿足社會的需求。而經營企業就是利用社會的有限資源來創造價值，同時創造適當的盈餘，讓企業永續發展。

經營企業本就應該要善盡其社會責任，很重要的是，經營企業的 Day1，就要落實 ESG。如果 Day1 就有王道思維，即使面對 ESG 的發展，相信也能好好經營企業，因為落實 ESG，善盡企業的社會責任，是每個領導者應該要做的事。

而消費者也要有「新消費主義」的觀念，支持將環境成本顯性化，要付諸實際的行動來為「無形、間接、未來」的隱性價值買單，為生態及環境的永續發展理應付出更高的代價，也只有消費者參與行動，才能真正落實永續的目標。

從王道來看，所有的利益相關者攜手共創價值且

利益相對平衡，才能永續，面對地球環境的危機，不僅與所有人都有關，就連環境、社會也都是利益相關者，只不過他們不會自己發聲，但一旦發聲時，就會產生很重大的影響。

尤其過去有些企業往往將造成碳排放與環境汙染的「成本外部化」，大家雖然看不見這些隱性成本，其實長期下來是由環境與社會付出代價。

因此，將「隱性成本顯性化」是很重要的一步，且企業與消費者也要重視碳排放的隱性成本，要願意為這些隱性成本來買單，這樣才能保護環境與下一代，並化解經濟發展與環保之間的衝突。

■永續經營是王道的基本信念

追求永續經營，是王道的三大核心信念之一；而王道文化更是企業永續發展的關鍵基石。

企業要如何將王道思維進一步落實成為組織的王道文化呢？關鍵就是要將王道的價值觀，深植成為企

業的基本信念。這需要領導人長期由上而下，在組織內不斷溝通以形成共識，並成為多數人日常工作及生活的言行，才能進一步形塑成為組織的王道文化。

　　而企業或組織要永續的條件，首先就是要能具備持續創造（顯性或隱性）價值的能力，同時還要保持所有利益相關者的利益相對動態平衡，最後還要領導人以誠信、負責的心態並具備 ESG 的信念來帶領，企業組織才有機會朝永續發展。

　　企業經營的過程中，要善盡企業的社會責任，且重要的是，不是等到企業成功了才開始善盡社會責任，而是在經營過程中，隨時隨地都要對社會有所回饋。

　　企業唯有實行王道，才能永續經營。雖然聽起來很空、有點高調，但如果領導人具備王道思維，在王道指引下，企業會更篤定自己走的方向是正確的，從王道的精神來看，這對於客戶、員工、合作夥伴、投資人、社會及環境，也都會比較平衡，也才能朝永續的方向邁進。

問：王道思想最早緣起於治國之道，但為何在政治上
似乎難以行王道？反倒在企業組織較有實踐王道的可
行性呢？

Stan 哥：儒家代表人物孟子提出「王道」，呼籲君王
治理國家要施行仁政，以德服人，以此理念治理所管
轄領土上的子民。從傳統對領土的思維來看，君王要
關懷「天下蒼生」，因此領土上的所有人都是要關懷
的對象，是沒辦法加以選擇或摒除特定人士在外，而
要所有人共創價值且利益平衡幾乎是不可能的挑戰，
這也成為政治上施行王道的障礙，因為各有各的政治
理念。

時至今日，我提出了「新王道」，談的是大大小
小組織的領導人之道。新王道沒有領土的概念，不受
其限制，領導人可以自己圈定所要經營的範圍及服務
的對象，鎖定目標客戶後，一起共創價值。

在領導人圈定的範圍內，包括一起參與經營的
人、投資的人、金融機構、供應商、通路商、服務的
客戶，甚至不會發出聲音的社會與自然環境，都是整

個生態中的利益相關者，有共同的目標，所以企業要
實踐王道的可行性會高得多，而且只要能善盡企業的
社會責任，相對也較能追求永續。

王道就猶如在茫茫大海中，指引企業航向目的地
的北極星，是企業追求永續，在各階段發展時，擬定
願景、規劃競爭策略以及落實組織運作機制的核心指
導方針。

我從 1976 年創立宏碁以來，經營企業就開始實
踐王道精神，至今已將近五十年，而且不僅將王道精
神落實在宏碁，在我退休後繼續善盡個人的社會責任
（PSR, Personal Social Responsibility），近年由我共同
發起創立的社會企業─科文双融（推動文化與科技的
整合）與灣聲國際（要讓台灣的經典音樂普及化與國
際化）也都是實踐王道精神，希望能建立創造價值的
能力，進而為台灣的未來創造價值。

問：有人認為王道只是在追求一個理想的烏托邦社
會，實際上難以實現，很接近社會主義所追求的理想
世界，您怎麼看？

Stan 哥：王道是領導人之道，所領導的組織範圍及規模可大可小，領導人的責任就是要提供一個可以創造價值且利益平衡的機制與環境。小組織追求的烏托邦理想相對較容易實現，大組織的烏托邦理想要實現的複雜度與挑戰相對較大，但領導人追求王道，都是朝烏托邦的理想目標邁進。

社會主義可以說是王道的終極目標，共產主義與資本主義都只是手段。事實上共產主義因為沒有誘因，在創造價值方面已證實不可行；資本主義雖然有誘因，也能為社會創造價值，但造成貧富不均及贏者通吃的問題，這也是資本主義的盲點。

而王道正足以彌補資本主義的盲點，我倡導王道思維，就是希望大大小小的組織都能行王道，以追求社會主義的理想為目標，追求自己的理想，當社會中各種大小的組織都能行王道，匯聚起來就能成就大同世界的理想。

其實談王道也是由人性出發，王道領導人必須了解人性，才能提供誘因讓所有利益相關者來共創價

值，人性中的貪婪、利己，王道也都納入考量中，只是鼓勵誘導大家用「六面向價值」來思考，取得顯性價值與隱性價值的平衡，所以我說「利他是最好的利己」。

問：從王道思維出發，如何追求永續發展？

Stan 哥：王道強調要從「六面向」來看待事物的總價值，在「有形、直接、現在」的顯性價值外，更要重視「無形、間接、未來」的隱性價值。

但一般人容易有的盲點就是較重視「有形、直接、現在」的顯性價值，因為較容易看得見，短時間就可以感受得到，相對之下，隱性價值因為需要長期的投入才看得到成效，往往較不受到重視。

很重要的是，領導人就是要看得見一般人看不見的隱性價值。

實際上，六面向的價值彼此之間會相互影響，要追求永續發展，就需要六面向價值的平衡發展，才可達到長期總價值的體現，因此對顯性價值與隱性價值

都要重視，才能達成永續的目標。

資本主義的發展過程中，在一開始是先追求「股東權益最大化」，後來發現這樣不能永續，轉為追求「利益相關者最佳化」，最後再發展到重視公司治理、企業社會責任、環境保護，進而 ESG 成為顯學。

因此要追求永續發展，不能走西方資本主義「贏者通吃」的路子，而要走向東方王道思維的「共存共榮」

領導人要從六面向價值來全面考量，依不同的情況在六面向的權重有所調整，同時還要建立可以共創價值且利益相對平衡的機制與環境，才能有助永續。

舉例來說，台灣高科技的產業生態，參與其中的人不能有想要「贏者通吃」的心態，而是要追求「共存共榮」，對全世界做出貢獻。一旦有人想要「贏者通吃」，就會造成利益不平衡，大家就不會支持這個產業生態，原本的生態就無法永續，就會有人出來建立利益更為平衡的產業新生態。

因此，追求永續發展，要爭千秋，而不是只爭一時。如果只看一個點，而沒看整個時間軸，往往就會只看到短期的現象，就以為是真相，就會出現盲點。王道思維就是希望大家把時間的因素加進來，也把間接、無形等因素納入考量，看長期來算總帳，才能追求永續發展。

問：與霸道思維相較，王道是否是不談競爭？相對較為軟弱沒有力道？

Stan 哥：其實王道不是軟弱，也不是只做好人。王道也談競爭，講求力道，自己本身要有競爭力。只不過王道是競爭誰能以有限的資源，相對為社會創造出更高的價值，王道比的是誰比較王道。

輸家就是因為思維或落實較不王道，競爭除了思維策略要正確外，還需要配合能力，不過殺價或惡性競爭都非王道，不利他也不利己，長期下來也不能永續，只有透過正常競爭淘汰弱者才符合王道精神。

如果遇到對手惡性競爭，破壞整個產業生態，那

我的想法就是避開他，面對破壞生態的對手，需要整個生態一起來面對，進而淘汰他，讓他知難而退。

舉例來說，在半導體產業的生態中（記憶體贏者通吃的生態除外），從晶圓代工到 IC 設計、半導體設備，大家的毛利率都達到 50%，生態中的每個環節的附加價值空間很大，大家都沒有惡性競爭的思維，王道就是要維持整個產業生態的健康發展。

至於弱勢者是否也有條件談王道呢？我的看法是，弱勢者首先要自立自強，在相對受限的條件下不斷精進，找到舞台，掌握成長的機會，累積培養自己的能力（力道），等待時機與條件成熟後自然有條件來落實王道。

企業在競爭激烈下要能勝出，關鍵不在於經營規模的大小，而是在所處的產業生態中要具備核心競爭力，同時照顧好生態體系內的所有利益相關者。如果能做得好，才有能力將服務再慢慢擴大到更多的利益相關者。

　　此外，具備王道精神的企業也不是就完全沒有霸氣，面對競爭的過程中，還是必須採取必要的手段來面對競爭，只不過企業必須謹記，「霸道雖然可以做大，但王道才能做久」，面對企業永續經營這個課題，值得大家進一步深思！

問：公司治理是 ESG 的重要一環，也是企業永續發展的重要基石，請問公司治理成敗關鍵所在？

Stan 哥：我們經常看在社會上看到一些企業傳出內線交易或經營者掏空企業的事件，對企業及其利益相關者（股東、員工、客戶、銀行、供應商、社會）造成傷害，其實這裡面都有一個共同的核心問題，關鍵就在企業是否建立公司治理的文化，以及企業經營者是否具備公司治理的觀念。

　　我認為，公司治理是一種文化、價值觀、信念，這不只是用講的，而是要去落實執行，進而成為個人信念以及企業文化的一部分。

　　治理文化可以說是公司治理之本，也是企業永續

發展的基礎，也只有企業建立良好的公司治理機制，一旦企業在面臨經營問題時，才能獲得所有利益相關者的信賴願意伸出援手，讓企業遭遇的問題能迎刃而解。

在我創業的第一天，當年甚至還沒有「公司治理」這個名詞之前，我的信念就已認為，「這個公司是大家的」，並沒有因為公司是我創立的，就認為公司是我個人的，這就是公司治理文化的核心思維。更何況公司的經營成敗也涉及所有的員工及公司的利益相關者，需要大家共同來承擔責任。

董事長與 CEO 是否具有公司治理的信念，這對公司治理能否落實十分重要。除非董事長或 CEO 心態上都能認同公司治理的文化，否則即使政府針對公司治理做出了相關規範，企業終究仍會想出對策來因應。

要讓企業經營者認同公司治理是為自己好的一項機制，我認為，應該由文化面來思考，才能改變經營者的觀念。

　　因此，為了讓公司治理變成企業文化的一部分，就要提供誘因給經營者進而願意建立起公司治理的機制，其誘因就是「企業的永續經營」，以此讓經營者認同，唯有做好公司治理，企業才能永續經營，才是對經營者自己、企業及所有利益相關者最有利的！

　　公司治理要以企業經營者為核心，需要有董事長及 CEO 的承諾，加上高階經營團隊的共識來推動，才能有效落實並建立起企業公司治理的機制。

　　尤其是在董事會決策的過程中，董事代表股東、經營團隊，獨立董監代表社會大眾，雖然董事會的董事背景各不相同，但決策時應以公司整體的利益做為考量基礎，並盡全力保護所有股東與利益相關者的權益，這就是公司治理的精神所在。

　　這裡有一個很重要的思維，雖然每位董事的背後各自代表不同的利益相關者，但在董事會討論決策時，雖然可以適時表達各自的立場與意見，但做決策時，如果只依自己的最大利益做考量，雖然有可能獲得一時的利益，但卻會傷害到公司的整體利益，長期下來，最終反而會使自己的權益受到損害。

第二部
創新創業與變革

■創新的意義

何謂「創新」？我認為，所謂的創新，並不只是創造新的事物，我對創新的定義是：「不僅要具有新的創意，還要有執行力，並且能夠創造價值。」商業上的創新，如果是不能創造價值的創意，就不能稱為創新。

所以我歸納出創新的三大要素就是「價值」、「創意」、「執行」，且三個要素環環相扣。

為什麼需要創新呢？因為當舊有的東西已無法再繼續體現價值，這時就需要有新的創意，找到新的方法，才能再創造新的價值。很重要的是，創意的來源要從能否創造價值出發，思考能為用戶創造出什麼新的價值，做為指引創新的方向，才是真正有用的創新。

　　其次如果要進一步將創意落實,則創意也要有可行性,要考慮到自己是否有足夠的資源及技術能力、財務能力及執行能力,才能落實創意進而創造價值。

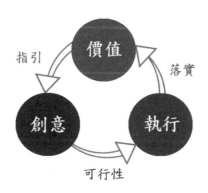

商業的創新= 具有新的創意加上執行力、並創造價值

▲ 創新三大要素

■創新要以「用戶為中心」

「市場是創新的龍頭」，所以創新能否成功，很關鍵的一個思維是：「創新要由市場的需求出發」。

創新要能掌握市場、了解消費者的需求所在，才能進一步找到符合市場需求的創新，如此創新才會被市場與消費者接受，進而增加創新成功的可能性。

以宏碁的發展經驗，我也不斷跟工程師溝通，原本最早期是以「技術為中心」（Technology Centric），後來發展到以「客戶為中心」（Customer Centric），如今我認為要以「用戶為中心」（User Centric），了解消費者與市場的真正需求，才是創新的核心所在。

以「客戶為中心」做的是 B2B（企業對企業）的生意，以「用戶為中心」做的是 B2C（企業對消費者）的生意。

過去台商的生意模式（Business Model）主要是以 B2B 的型態為主，重視的是對「客戶」的價值主

張，這些企業客戶的需求清楚明顯，只要做好技術創新、製造品質穩定、服務具彈性及時效，加上成本具競爭力，就能滿足企業客戶的需求，台商也在 B2B 建立起國際級的競爭力。

但面對未來，台灣如果要在原有的產業基礎上，建立新核心能力以提高毛利率及競爭力，為產業創造新的價值，關鍵就是要從「客戶」價值主張走向「用戶」價值主張。

雖然在客觀環境下，台灣的用戶相對較少，要建立「用戶」價值主張的核心能力並不容易，「用戶」價值主張就是大家談的體驗經濟，以感性為主，並以理性為基礎，直接面對消費者才能創造更高的附加價值。

如何才能為「用戶」（消費者）創造價值呢？諸如產品或服務在設計時，就要思考如何設計簡單易用的使用介面，並把使用情境的因素納入考量，為使用者帶來很好的操作體驗，思考的是感性面向，而不是只談價格或功能的理性面向。

因此，未來創新的方向就是要由面對「客戶」需求走向面對「用戶」需求，長期要建立掌握「用戶」價值主張的能力，才能進一步創造價值，提升產業的利潤空間。

這也是為何我在 2012 年發起成立「龍吟華人市場研發論壇中心」（Chinese Consumer Center），為的就是要建立洞悉消費者需求的能力，因此投入研究了解消費者，以掌握市場需求與趨勢。

■創業的初衷

創業的目的是為了要替社會創造價值，而要達此目標，就必須要以創新為手段。

從王道出發，領導人就要思考，如果投入創業，能為社會創造什麼價值？這裡所思考的也是六面向的價值，在「有形、直接、現在」的顯性價值外，同時要兼顧「無形、間接、未來」的隱性價值。

回顧我創業以來，一直都是以「挑戰困難、突破

瓶頸、創造價值」（這也是我的座右銘）做為努力的
方向，希望能對社會有所貢獻。而要創造價值，首先
就要挑戰困難之處，現存的瓶頸往往是妨礙價值展現
的所在，一旦能突破現有的瓶頸，就能為社會創造價
值。

■創業與專業

　　進一步來說，創業可以分成二個階段：創業是由
「0 到 1」的過程，之後再進一步透過專業複製，由「1
到 N」。

　　在「創業階段」，從 0 到 1，是一個探索的過程，
從無到有，重點在探索有價值的「1」，要找到能夠創
造價值的新事業。

　　在「專業階段」，要由 1 到 N，重點在複製有價
值的「1」，透過專業的方法，擴大規模成長為「N」，
讓新事業能夠創造更大的價值。

　　由於企業原本賴以創造價值的核心事業或市場，

隨著客觀環境或時間的變化，有時不見得能持續創造價值，這時企業為了追求永續，就需要不斷創新，探索未來可以開展的新事業，才能繼續創造新價值，企業才能生生不息。

只不過對大企業來說，要在內部發展新事業，往往就會和既有的舊事業產生衝突，在大公司內部要創業往往不容易。因為由「0到1」（創業）與由「1到N」（專業）的思維與管理文化並不相同，對新事業往往會需要有另一套不同的管理模式，才能有助新事業的發展。

■ KPI（關鍵績效指標）vs KMI（關鍵里程碑指標）

企業對於經營績效的評估，經常是採用「KPI」（Key Performance Indicators，關鍵績效指標）來評估，也已行之多年。

只不過從王道的六面向價值來看，KPI 的指標往

往是具體可以評估的數字，偏向對「有形、直接、現在」的顯性價值評估，較欠缺對於「無形、間接、未來」的隱性價值評估。

對於在大企業內部發展的新事業來說，由於新事業發展初期才剛萌芽，如果用 KPI 的指標來管理團隊，往往財務數字的表現尚無法達標，帶給新事業團隊很大的壓力，也打擊士氣。

觀察到以 KPI 指標管理新事業團隊並不恰當，我特別提出較適用來管理新事業團隊的指標：「KMI」（Key Milestone Indicators，關鍵里程碑指標），以是否達成新事業發展的關鍵「里程碑」，將隱性價值納入考量。

新事業可以用三個關鍵的里程碑來評估進展：

◆ 新產品、新服務開始試用的時間點。
◆ 獲得有意義的客戶數與滿意度的時間點。
◆ 達到損益平衡的時間點。

從 KPI 發展到 KMI 指標，是在深入了解西方的

管理思維的基本精神後，如何用我們東方的心法來思考，借重西方的方法，但又不會被誤導，調整成適合的管理模式。

宏碁在三次再造之後，集團內部也發展了很多新事業，對於新事業部門發展初期就是用 KMI 的指標來管理新事業的營運表現，這樣才能給新事業團隊較大的彈性及發展空間。

■變革思維

企業經營的過程中，為何會需要啟動變革再造呢？這主要是因為企業在經營的過程中，隨著客觀環境的變化，例如新科技或新競爭對手的出現，造成所投入的有形或無形資源無法再創造價值，原本具有價值的「1」開始貶值，甚至變成負值出現虧損，這時企業就要進行變革再造。

從王道來看，當企業經營不夠王道，所投入的成本沒有創造更高的價值，參與其中的利益相關者利益

也無法平衡時，這時就需要進行變革，藉此改變以往用以創造價值的「1」，或是改變過去的複製模式以重新創造價值。

另外，如果從企業的成長曲線來看，當企業成長到一定的規模後，成長會開始停滯，這時如果企業希望能夠突破瓶頸，開啟下一波的成長力道，這時就會需要推動變革管理，不斷投資未來，才能讓企業重拾成長的力道。

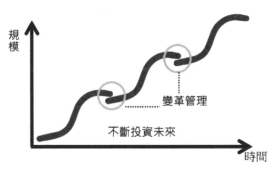

▲ 多 S 成長曲線

企業啟動變革時，就是要找到創造價值的新方向，而要找到新方向，一般最好能借重原本的能量，

在既有的基礎上進行方向轉移，找到可以創造價值的新方式，重新建立利益平衡的新機制，這就是王道的精神所在。

■宏碁三次再造

以宏碁的經驗來看，由於高科技產業變化快速，當原本創造價值及利益平衡的機制無效後，就需要啟動變革再造。

宏碁自 1976 年創立後，分別曾在 1992 年進行第一次再造─「再造宏碁」，並於 2000 年進行第二次再造─「世紀變革」。此外，2013 年底宏碁再次啟動再造，則是史上的第三次再造。

1991 年宏碁第一次出現成立以來首次虧損，但其實整個集團或關係企業的業務都是賺錢的，只美國地區虧損，就把其他地區賺的錢都虧掉了。

這個結果大家都不滿意，因為公司虧損就沒有分紅，會影響創造價值的誘因，也不利於利益平衡的機

制。

為解決這個問題，當時原本集團有很多子公司都視為一體，目標不是很清楚，例如 1,000 個人要做十件事情，我就把 1,000 個人分割成十個組織各有 100 個人，讓他們各自專注在自己要做的事情上，讓創造價值的目標很明確清楚。

其次，因為是各自獨立運作，因為不用管大集團的總成績，只要把自己負責的部分做得好，就有可以分紅的機制，利益相對平衡，所以也才會有各自獨立上市的規劃。

宏碁第一次的再造的經驗也成為國際管理學上的一個重要案例，當時我提出「全球品牌 結合地緣」、「主從架構」、「速食式的產銷模式」、「21 in 21」（21 世紀要達成 21 家上市公司）等口號與突破性的做法及策略，為的就是要與利益相關的合作夥伴一同共創價值且利益平衡。

推動變革最重要的就是要藉由溝通，建立起內部

對變革轉型的共識，並一起落實。宏碁完成第一次的
再造後，就重拾公司成長的力道，並找到重新創造價
值的新模式。

　　所以每一次再造，思考的就是如何「創造價
值」，如何「利益平衡」，就是這麼簡單。

　　到了 2000 年時，宏碁展開第二次再造（世紀變
革），將公司一分為二，把品牌事業與研製服務事業
分割成二家公司，由宏碁專注在品牌的經營，而研製
服務事業就分割出去成立緯創資通。

　　當時宏碁已是全世界倒數第二家「不做電腦的電
腦公司」，將產銷分開，才能在各自的分工領域專注
經營並創造價值，同時提升競爭力，並且重新建立新
的利益平衡機制，在經過轉型變革後，終能再次恢復
成長的動力。

　　至於宏碁啟動三次再造，則是因為 2010 年之
後，由於整個產業客觀環境的改變，PC 產業的成長
開始趨緩，加上 Apple iPhone、iPad 一系列產品掀起

一股新浪潮，對原本的 PC 市場造成極大的衝擊。

但當時宏碁的經營團隊仍用原本舊的思維（塞貨到通路）在經營，沒有改變新的經營模式，結果塞貨到通路賣不出去就變成庫存，反而造成損失慘重。

不過由於我在 2004 年底就已由宏碁公司退休，原本不在其位、不謀其政，當宏碁經營再次遇到逆風，我也只能在董事會上提供一些意見，只不過後來當時宏碁的董事長與總經理在 2013 年 11 月 21 日雙雙請辭，於是我臨危受命，不支薪回到宏碁擔任了 210 天的董事長，並啟動了宏碁的三次再造。

這次變革我重新以王道思維來引領宏碁面對新的挑戰，而變革的重點就是要改變經營模式，且不以追求營收為目標，而是要能夠賺錢。再造之後營收雖然只剩下原本營收高峰的 40%，但反而能夠獲利。能夠賺錢才能永續，也才能投資到新事業，佈局未來。

■推動變革，首重「5C 決策原則」

從王道來看，企業之所以啟動變革，主要都是因為原本賴以創造價值的模式受到了挑戰，因此需要調整方向，才能再為企業重新創造新的價值。

而為了要能找到創造價值的新模式，推動變革，很重要的是同時要具有創業（0 到 1）及專業（1 到 N）的精神。先發揮創業精神，找到可以創造新價值的「1」，然後再透過專業進一步複製擴大規模，讓企業營運重新回到成長的軌道。

尤其推動變革過程，首重溝通，溝通要由上而下，先與變革相關的主管一起集思廣益，在主管達成共識後，接著進一步對基層員工溝通，唯有上下形成共識，才能讓全體同仁大家一起朝著公司的新願景邁進，也才能有效落實執行公司所規劃的新策略。

因此我提出所謂的「5C 決策原則」就是：「Communication（溝通）、Communication（溝通）、Communication（溝通）、Consensus（共識）、

Commitment（承諾）」。

「溝通」之所以特別講三次，就是為了突顯溝通在推動變革過程中的重要性，讓大家體會到公司已到不得不變的關鍵時刻。

而且在溝通達成共識後，公司上下就要對於共識的內容有所承諾，全力以赴一起朝新願景來努力，對於推動變革的新方向，如果大家有好的辦法就提出來一起討論，如果沒有其他更好的辦法，那現有的共識就視為是現階段最好的辦法，大家就一起去落實執行。

問：企業如何才能建立一個鼓勵創新的文化？

Stan 哥：企業要建立創新的文化，首先就要不鼓勵「Me too」。**一窩蜂**是經常會看到的社會現象，看到哪裡有利可圖，大家就一窩蜂投入，結果就會造成供過於求，讓原本所能創造的價值大幅下降，因為跟別人都一樣，就沒有創新，就不能創造附加價值。

　　所以我一路走來的具體做法就是「Me too is not my style.」(跟隨非我風格)，不一窩蜂與大家做一樣的事，諸如我創業以來不斷突破傳統文化的瓶頸，挑戰一般人性的盲點，就是希望能找到新出路，進而為社會創造價值。

　　其次，要建立鼓勵創新的文化，很重要的就是要能容許失敗。雖然創新的過程有可能會面臨失敗，但這是必要付出的代價，才能在創新的過程中成長。

問：創新是海闊天空不要有限制去發想？或在框框內創新會較有效？

Stan 哥：創新雖然可以海闊天空，也可以異想天開，但關鍵還是要回到創新的三元素來思考：「價值」、「創意」、「執行」。要先聚焦在創新的價值是否符合市場的需求，同時也要考量創新的可行性與自己的執行能力，重點在於能否落實。

　　實際上，創新也需要紀律，限制創新在一定的範圍內進行，從微積分的理論來看，即使界限再小，在

那個空間裡面仍有無窮大的機會，創新的機會處處都在，只要能掌握創新的三要素，就能發揮創意。

　　所以我說，創新雖然是「Out of box thinking」，但還是要「Thinking within the box」，才能做出符合市場需求的創新，進而創造價值。創新與紀律雖然感覺上彼此互相衝突，但有紀律的創新才是最有效率的創新。

問：創業成功的關鍵因素有很多，您認為哪個因素最為重要？

Stan 哥：美國矽谷的創業家曾經分析創業成功的五個重要因素，包括：創意（Idea）、團隊（Team）、經營模式（Business Model）、資金（Funding）、時機（Timing），他們得到一個結論，其中最為關鍵的就是「時機」這個因素。

　　我也認同這個看法，因為所謂的「時機」就是要掌握得恰到好處，對於一項新事業，如果投入得太早，可能會在發展的過程中就耗盡原本有限的資源，

根本撐不到成功的那一天到來；但如果太晚投入，又可能無法掌握先機，錯失卡位的機會。

所以我建議發展新事業，一定要身歷其境地投入，身處其中才能掌握最佳的發展時機。

除了「時機」之外，另一個很重要的成功關鍵則是「氣長」策略。所謂的**氣**，指的就是創業有限的資源（包括有形的錢以及無形的信心等），創業一定要思考如何讓有限的資源燒得慢一些，**氣**才夠長，才能撐到創業成功的那一天到來。

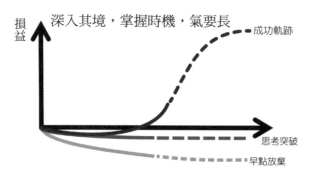

▲ 時機是創業成功最關鍵要素

問：當找到市場的需求所在，投入新事業發展，如何一步步擴大規模？

Stan 哥：創業就是要找到能創造價值的「1」，只要能找到對的模式，就可以一步步慢慢以滾雪球的方式滾大。

所謂「滾雪球」策略，首先要有一個長坡，產業發展的大趨勢就是一個長坡，創業要順著產業趨勢順勢發展。

而要能夠產生滾雪球的效應，先要有小雪球，且小雪球本身是有濕度的，有了濕度以後，才會慢慢形成一個小雪球。就像是創業時，從 0 到 1，要先有一個小小的「1」來開始發展，這個「1」就是小雪球。

其次，則是要大環境的時機成熟，雪球才能滾起來。例如天候有大雪，加上溫度對了，風勢助長，自然就可以順著長坡將雪球滾下去，然後愈滾愈大。

除了掌握產業大趨勢與客觀環境發展成熟之外，掌握用戶的需求，以用戶為中心的思考最為關鍵，用

戶的需求往往是最大的拉力。但教育市場往往是最難
的，我常和公司同仁說，如果創新要投入的資源是
1，則教育市場所需要投入的資源與時間可能要加一
個 0 甚至二個 0，才能讓市場接受這些創新的服務。

　　發展新事業，教育市場的成本與時間都要納入考
量，我的經驗是「成功往往比你預期的慢，但成長往
往比你預期的快」。新事業一旦時機成熟到了一個對
的爆發點後，就會快速成長。

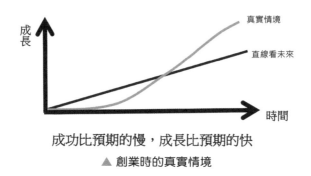

成功比預期的慢，成長比預期的快
▲ 創業時的真實情境

問：企業發展新事業，是在內部發展或透過併購較為
有效？

Stan 哥：企業變革追求永續發展，往往並不容易。因為發展新事業，往往會和企業內部既有的文化衝突，原本的核心事業為了賺錢每個人都很忙碌，而新事業的同仁看起來都不曉得在做什麼，而且還虧錢。

以美國企業的經驗，要在大企業內部要發展新事業並不可行，因為企業內部的文化有所衝突，所以有心要投入創業的人，一般都會離開企業出去外面自行創業。等到他們創業成功後，企業再加以併購。在美國還研究出一個結論，在大企業內要新創事業的話，最好是找一個「位高、權輕、影響力大」的人來帶領新事業的發展。

在宏碁內部，就是由我來扮演這個角色，我是公司創辦人（位高），但已退休（權輕），但還有影響力，所以就由我幫忙帶新事業的發展，給他們一些建議的方向。

我很早就在宏碁內部啟動新事業的投資，企業變革就是要未雨綢繆，要事先考慮到原本賴以維生的核心事業，將來有一天會有靠不住的時候。

如今宏碁上市的小金虎，很多都是在 2000 年時投入的新事業，我也期待有朝一日這些新事業的「小虎隊」，獲利能占公司整體獲利一半的目標，我相信很快就會發生。

問：企業內部的新事業 Spin-off 獨立出去的適當時機？如何才能兼顧集團的控制權？

Stan 哥：新事業要從母公司獨立出去外面發展的時機考量，最關鍵的就是企業的領導人是否願意授權，這與領導人的心態及是否有分散式管理的思維都有關係。就像養小孩，是要 18 歲放手，或者到三、四十歲都還不願放手。

其次則是要考量負責新事業的員工有沒有信心，如果還在爬行的階段，尚沒辦法走路時，他自己也不敢獨立出去。以宏碁為例，公司會與新事業部門的同仁建立一個可以利益與共的新機制，等到發展時機成熟，才會從母公司獨立出去。

所以新事業獨立出去發展的時機，一般是在新事

業已有發展的雛型，可以獲利，也有信心可以生存下去時，才會開始思考要獨立出去打拼，並規劃在二、三年後上市。

至於集團內母公司對於子公司的控制，在 90 年代宏碁推動「群龍計畫」時，我當時享受大權旁落，所以對子公司比較採取放牛吃草的做法，授權給子公司。雖然當時喊出「要分才會拼」、「要合才會贏」的口號，但分出去後大家都很拼，不過卻沒有**合**的機制，因此三造後重新建立起**合**的機制。

所以宏碁三造之後已有不同以往的做法，公司推動「新群龍計畫」，要形成一個艦隊，以集團的力量來跟別人競爭，會比較有勝算。在小金虎聯合作戰下，子公司董事長由母公司派任，人事、財務、法務、品牌由集團總部統籌支援的一個運作模式。

問：企業推動變革最大的障礙？

Stan 哥：既得利益者的思維是變革最大的障礙，為了保護既得利益，變革對他們沒誘因。舉例來說，當年

柯達最早發明數位相機以及 Nokia 也是最早跨入智慧
型手機的領先者，為什麼沒能掌握機會？就是因為原
本的事業經營得很好，大家不想改變，只想保護現有
的利益。就像 Intel 為了保護原本在 PC 市場 CPU 的
利益，也因此喪失在手機市場的新機會。

　　所以這是既得利益者的盲點，為了保護既得利
益，會成為推動變革的阻礙。但大環境的改變是很殘
酷的，往往不留情面，逼得你不變不行。企業面對未
來的挑戰，有足夠時間可以從容轉型，但不要等所有
的競爭者都已走在自己前面才變，否則會為時已晚。

問：企業往往是業績衰退或經營出現問題後，才不得
不啟動變革。有沒有可能在出現問題之前，就有提前
預防的機制？

Stan 哥：雖然經營者都會希望能夠事先預防營運出現
狀況，不要等到不得已才啟動變，但實際上客觀環境
卻不容易做到，因為當企業經營順利的時候，即使講
得再多，沒有出現危機，同仁也未必聽得進去。

　　我從創業開始，就提醒同仁時時要有危機意識。在我退休後，我也提醒大家「勝利方程式」是有時效性的，所以每隔一段時間就需要改變，像在 ICT 產業變化快速，每十年企業最好都要再造一次，才能因應大環境的變化，重新尋找致勝的策略。

　　不過，當時我已退休，不在其位，公開放話也沒有用。2013 年宏碁經營遇到逆風，於是 11 月初董事會成立「變革委員會」並由我擔任召集人，推動公司的變革轉型，擬定變革願景、策略、執行方案等，正式啟動「三造宏碁」。

　　我在 2004 年底退休之後，個人的生活重心已擴展到其他公益領域，並不戀棧過去。此次是因為公司經營遇上一些難題，董事會要我幫忙，因此我才擔任「變革委員會」的召集人，提供過去推動企業再造與變革的經驗，並在這段轉型的過渡期間協助公司經營傳承的梯隊盡快接棒。

問：宏碁正式啟動第三次再造後，您是如何安排變革後的人事佈局？如何讓新團隊穩定軍心？

Stan 哥：2013 年 11 月 21 日當時的董事長和總經理雙雙請辭，我在董事會臨危受命下，不支薪同時接下宏碁公司董事長、執行長、總經理三個職務。不過，我只是暫時回鍋扛下重責大任，這些職務都要儘快交棒，如此公司才能一棒接一棒地傳承下去。

所以在接任當下我就決定，我的董事長職務預計擔任至當屆董事會任期期滿（至 2014 年 6 月），且對下一屆接任董事長的人選我也已有腹案，找了宏碁共同創辦人黃少華接棒，並且在一開始我就告訴他這個董事長只當一任，是「中繼投手」過渡性質，三年後就要再交棒傳承給未來要接班的人。

至於公司執行長的接棒人選，在當初董事長向我表明辭意後，我就開始慎重思考日後公司接班傳承的可能人選。

由於我是台積電的董事，有次在台積電董事會中，得知當時任職台積電全球業務暨行銷資深副總的陳俊聖將離職，於是在會後我就打電話給他，請他到我家裡深談，我把宏碁所面對的問題、未來發展策略

以及希望未來他扮演的角色與任務等與他溝通，希望他能到宏碁幫忙。

我告訴他說，三造宏碁雖然挑戰很大，但卻是件很有意義的事，如能成功的成就感也會很大。最後，他答應加入宏碁這個大家庭，帶領宏碁迎向未來的挑戰。

2013 年 12 月 23 日，宏碁董事會正式對外宣布延攬陳俊聖擔任執行長。他上任後，首先就是先穩住軍心，讓同仁對公司重拾信心，願意一起繼續留下來打拼。其次很重要的是讓當時面臨營運巨幅虧損的宏碁能夠先**止血**。後來內部達成共識，不賺錢的訂單不接，雖然公司的營收之後很長一段時間持續下滑，但本業卻成功止血，隨著公司調整營運體質後，本業也開始獲利。

在順利啟動三造宏碁，2014 年 6 月 18 日，我正式卸下宏碁董事長的戰袍，距離當時臨危受命足足啃了 210 天的饅頭，在達成階段性任務後卸任交棒。

　　其實在臨時接下重任的第一天，我就已經同時
在思考交棒的問題，因為要將變革的 DNA 留在組織
中，而且我也常說，有一天我也會不在，總不能下次
還要從棺材中跳出來推動變革。

第三部
品牌經營面面觀

■品牌經營的基本思維

打品牌，很重要的是在一開始就要對品牌有所認知，並在 Day-One 就要重視並建立起對品牌的概念。

其實企業在成立的第一天開始，就已經有了品牌，公司的名稱就是品牌，就像每個人在出生之後就有自己的名字一樣。

有人問我說，「經營品牌的企業當然會有品牌，但做代工的企業，也要有品牌嗎？」

其實企業的經營型態不論是直接面對消費者的品牌公司（B2C），或是做代工製造服務的公司（B2B）都要有品牌，因為公司成立的第一天開始就要服務客戶／用戶，並一點一滴在市場上累積品牌的形象與知名度，其中的差異只不過是品牌所訴求的對象是終端市場的消費大眾（B2C）或商業上的客戶（B2B）而

已。

　　所以企業不論經營的型態或規模大小，都要用心投入品牌的經營，從創立的第一天就要重視，不分大小。

■品牌價值

　　有了品牌之後，下一步要思考的便是如何建立「品牌價值」，要有品牌名稱並不難，難的是要讓品牌成為**有價值**的品牌。

　　我所提出的品牌價值公式是：

> 品牌價值＝品牌定位 × 品牌知名度

　　從這個公式來看，要創造更高的品牌價值，就有賴提升品牌定位與品牌知名度，一個是**質**的提升（指

品牌定位），一個則是**量**的提升（指品牌知名度），兩者相乘，就能創造更高的品牌價值。

但為何我說，「品牌定位」比「品牌知名度」更為重要？這是因為品牌的定位有高低及正負值，要看品牌所創造的價值是否能高於所投入成本，一旦品牌的定位是負的，即使品牌知名度很高，在乘上負數之後，所得到的品牌價值仍然是負數的，所謂賣愈多虧愈多就是這個道理。

所以經營品牌，很重要就是在經營品牌的定位，要找到對的定位，讓每一筆交易都能創造正面的價值，再輔以品牌知名度的持續累積，長期下來才能讓所創造的品牌價值愈來愈高。

至於要建立起品牌知名度，這就需要靠時間以及企業在市場上的活動力持續累積，才能慢慢市場與消費者心目中建立起來。

■塑造品牌之道：不斷創新

有了這些基本思維之後，首先要思考的是，品牌要經營得好，則定位要對，且必須符合市場與消費者的需求，因此一定要先了解市場與消費者的需求所在，而且很重要的是，這個**價值**必須是消費者所認同的。

不論是要為市場創造價值，或是要建立品牌的差異化，**創新**都是其中的重要關鍵，而且還要持續多次不斷的創新，才能在消費者心中建立起品牌的形象。因此可以說，「持續不斷的創新是建立品牌最重要關鍵」。

尤其創新的方向也要有一致性的訴求，才能在消費者心中留下深刻的印象，否則如果只有一次性的創新，如同視覺暫留與記憶暫留，就難以在消費者心中留下對品牌的印象。

此外，經營品牌必須要差異化，才能長期形塑品牌的獨特形象，低價策略並非經營品牌的良策，因為

還是會出現打出更低價的競爭對手，而且透過低價搶市在消費者心中有時也不會留下好印象。

加上有時企業在做品牌的定價策略時，沒有把行銷溝通的成本放在裡面，也沒考慮售後服務的成本，並不利於長期創造品牌價值。

因此，經營品牌不要以低價策略做為切入點，而是要保留足夠的利潤，才有資源來教育市場，並長時間與消費者溝通，讓消費者知道品牌的創新及優勢所在，品牌定位才能在消費者心中根深蒂固。

品牌要與消費者溝通需要投入很大的資源，有時如有競爭者一起教育市場，只要是良性競爭，彼此有差異化，對於開拓市場也是有幫助的。

■王道思維與品牌

經營品牌的目的，是希望企業在具備品牌經營的核心能力後，可以為消費者創造出更高的附加價值，進而讓產品或服務的利潤可以較高，獲利的穩定度可

以更好，企業也更能永續經營。

有的品牌經營者常常會認為，有了品牌，所以產品可以賣高價，這個其實是個盲點。實際上，有品牌也只能賣**所創造價值的合理價格**，大部分的消費者也只會接受物超所值的產品。重要的是，要思考如何藉由品牌來提高附加價值進而創造利潤。

從王道思維來看，要提升品牌價值，很重要的是品牌定位及價值主張要以王道的基本信念做為思考重點。

在經營品牌的過程中，要不斷創新才能持續創造價值，同時也要確保全員（所有利益相關者）能一起落實的機制，才能長期持續累積無形的品牌價值並提升品牌的附加價值。

■「微笑曲線」（1992）與「新微笑曲線」（2019）

我在 1992 年提出「微笑曲線」。當時宏碁啟動

第一次再造，原本 PC 裝配還可以創造價值，後來產業環境出現很大的變化，PC 裝配的附加價值有限，為了與公司同仁及合作夥伴溝通，希望將科學園區的 PC 裝配生產線移到海外，所以提出了微笑曲線。

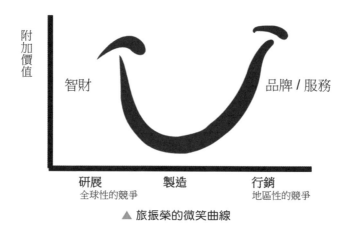

▲ 旅振榮的微笑曲線

「微笑曲線」簡單來說，就是一條說明產業附加價值的曲線。從橫軸（X 軸）來看，由左至右代表產業的上中下游，左邊是研展，中間是製造，右邊是行銷；縱軸（Y 軸）則代表附加價值的高低。

從微笑曲線來看，PC 裝配在價值鏈的附加價值

相對有限，而研發、零組件及品牌行銷、運籌服務等相對附加價值較高。

以市場競爭型態來說，微笑曲線左邊的研展是「全球性的競爭」，右邊的行銷是「地區性的競爭」。當面對全球性的競爭時，技術一定要是全球最佳的技術之一，否則就會沒有競爭力；至於品牌行銷面對地區性的競爭，就是要借重當地化的管理能力，才能有效經營。

微笑曲線可以應用在許多不同的領域，用以詮釋該產業領域的附加價值曲線，應用層面相當廣泛，也受到管理學界的高度重視。

在微笑曲線提出多年後，面對數位經濟時代來臨，因此我在 2019 年提出了「新微笑曲線」。新微笑曲線強調的是透過跨領域整合，藉由共享資源，攜手共創有形與無形的效益，進而創造新價值。

新微笑曲線的核心精神就是要以用戶的體驗為終，現有有限的資源如何共享為始，進一步研發並探

索新的商業模式，落實在體驗經濟與共享經濟。而要
創造價值，很重要的就是思維翻轉在先，進而機制配
合翻轉，行為方能翻轉落實。

「微笑曲線」與「新微笑曲線」的最大差異，就
是以前是二維的思維，但面對未來，要創造更高的附
加價值，需要有多維的思考。所以我提出「新微笑
曲線六維觀」，以 X（上中下游）、Y（附加價值）、
Z（領域別）三軸，再加上要考量「時間軸、有無形
軸、直間接軸」的六面向價值。

舉例來說，台灣兩大優勢產業—ICT 產業可以和
醫療產業相結合，有機會追求世界第一，對全人類提
供更優質且服務更好的醫療服務做出具體貢獻。

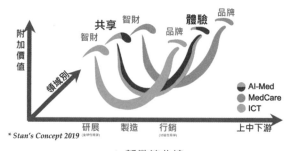

▲ 新微笑曲線

■品牌國際化的挑戰

從微笑曲線來看，品牌行銷是地區性的競爭。經營品牌要培養許多的能力，包括市場研究、品牌行銷、通路管理、售後服務、當地化管理的能力等等，以 Acer 品牌國際化的發展經驗來看，品牌國際化最大的挑戰就在於當地化的經營能力。

台灣本身市場規模小，因此很多品牌都希望能邁向國際舞台。品牌國際化的過程，要注意到行銷國際市場與行銷本土市場的不同，包括市場規模大小不同，對大市場與對小市場要有不同的操作手法。

此外，不同市場的社會文化不同，消費者的消費習性亦不相同，其中的細微處只有身處在市場之中才能體會得到。

Acer 品牌之所以在國際上能站穩腳步，很重要的就是「當地化」的策略，找當地人來經營管理，借重當地人才能深入當地市場。宏碁現在有高達 2/3 的員工都是外籍員工，打品牌的兵團都是外籍兵團，

Acer 的主要市場也都是在海外，所以當地化的能力是品牌國際化能否成功很重要的關鍵。

且為了落實當地化，當年（1992 年）我還曾提出「全球品牌、結合地緣」（Global Brand, Local Touch）的策略，與當地夥伴攜手合作，甚至讓當地合作夥伴的股權可以占多數股份，成為利益共同體，一起攜手打品牌。

許多台灣本土品牌國際化成功的經驗，也都是在海外當地有很好的合作夥伴，當地化的能力做得好。

此外，過去台灣產業型態主要以製造業為主，加上台灣市場規模太小，造成台灣的國際品牌行銷人才不足，也缺乏足夠的舞台讓本土品牌業者來練兵，這也是品牌國際化所面臨的挑戰之一。

面對這種大環境先天條件不佳的情況，我們的宿命就是第一天就要有國際觀，把全球當成我們的市場，壞處也是好處，現實環境逼得我們不得不國際化，以國際為市場，台灣的製造業也是以代工模式面

向全球市場，才有今天世界級的規模與競爭力。

品牌經營亦是如此，我們要走品牌國際化的道路，面對國際化的競爭才能逐步在過程中培養國際級的品牌經營能力，建立起世界級的競爭力。

■從「由左想右」到「由右引左」新思維

就產業現況來說，一般經常是「由左想右」（指由微笑曲線來看，過去習慣左端先研發出新技術後，再去尋找右端的市場需求），較缺乏「由右引左」（指先了解右端的市場需求，再引導左端來開發市場真正需要的新技術）的思維。

但面對未來，亞洲將會是世界最大的市場，「由右引左」的概念很重要，所以我在 2012 年特別發起成立「龍吟華人市場研發論壇中心」（Chinese Consumer Center），研究兩岸華人市場的未來生活與消費趨勢，協助企業即早掌握潛在消費者的需求轉變以投入對應的創新研發，希望打造台灣成為「華人優

質生活的創新應用中心」。

　　我也期待，日後以台灣經驗醞釀出來的優質生活
模式，能成為華人甚至世界的典範，讓台灣為全人類
做出更大的貢獻。

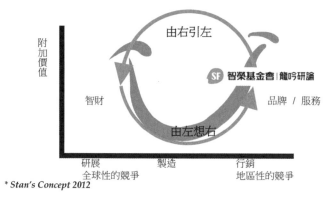

* *Stan's Concept 2012*

▲ 迎接亞洲市場的機會─從由左想右到由右引左新思維

■品牌台灣的策略：「Taiwan Inside」

　　由於台灣市場小，要經營 B2C（企業對消費者）
品牌相對挑戰大，因此過去台灣製造業多是以經營
B2B（企業對企業）的品牌客戶為主，許多國際大廠

如 Apple、Tesla 的產品零組件是來自台灣的供應商，但一般大眾不知道許多產品背後的先進技術來自台灣。

如果 B2B 期待能有所突破提升附加價值，則未來發展策略應該主打「B2B2C」（企業對企業再到消費者），在投入產品研發時就要考慮到最終消費者的體驗，直接對消費者溝通來產生拉力，讓終端消費者知道產品或服務的背後是「Taiwan Inside」（如同「Intel Inside」、Gore-Tex 布料的概念），是來自台灣企業的創新，逼得中間的客戶非找你不可。

當然，長遠來看，台灣企業還是要建立起 B2C 直接面對消費者的品牌，雖然挑戰很大，但可從長計，慢慢在國際上建立起自己的品牌形象。

尤其台灣一路由「科技島」，發展至今日已成為「創新矽島」，許多國際 IC 設計大廠的晶片都是委由台積電生產製造，且有許多國際品牌大廠的電子產品也也採用聯發科的 IC 晶片，因此在電子產品領域我們就能以「Taiwan Inside」為口號，進而形塑台灣的

整體形象。

■打品牌要有零存整取的概念

最後，我則要告訴大家，經營品牌要有**零存整取**的概念，要有耐心，持續累積方有所成。

所謂的**零存整取**指的是，品牌的建立需要長時間不斷的累積，如同存錢一般，每天存一點，只要經過長期的投入與付出，點點滴滴、積沙成塔，當天有一天需要時，就會發覺已累積出一筆可觀的成果。

品牌經營也是如此，企業藉由各種品牌溝通的活動，點點滴滴長期的累積，才能逐步建立起品牌的知名度，且參與品牌經營的所有人員都要有此概念，方能共同創造及累積品牌的價值。

我認為，製造能力只要累積十至二十年就可提升至世界級的水準，研發能力也許需要累積二、三十年就可提升至世界級水準，但品牌行銷的能力則往往需要花費三、五十年的累積方能有所成，需要一整個世

代的努力來改變心態,這是文化的問題。

　　雖然我與大家分享這些品牌經營的幾點基本思維都不是什麼大道理,但如果品牌經營者能時時記在心中,掌握得當,相信可以避免多走了冤枉路,因為這些都是我打品牌實戰多年來所累積的經驗,也希望對有心投入品牌經營者能有所幫助。

問:小公司手上資源有限,是否不利於品牌經營?Acer 品牌國際化的經驗?

Stan 哥:有人認為,小公司沒有資源打品牌。但這個觀念是錯的,我要問大家,全世界有哪家品牌公司不是由小做起?

　　宏碁也是由很小的公司開始經營品牌,美國許多創新知名的企業如 Apple、Google、Facebook 等,剛開始創業的時候資源也都不多,重要的是如何找到市場需求的切入點,並且以創新的模式來有效經營。

　　因此,小公司的資源雖然有限,但小公司的彈性

大，創意的點子多，只要能找到創新的模式，還是可以利用有限的資源來打品牌，一方面可以切入特定的市場區隔，以有限的資源集中在特定市場打品牌，避開大企業的直接競爭，如此還是可以找到對的經營模式。

當年 Acer 品牌國際化過程，也是**在做中學**，當時沒什麼經驗，也是一路摸索，摸石頭過河，只有一個共同的目標與願景，就是要將 Acer 品牌推向國際市場。

一開始我們的資源比起國際品牌大廠也是相對有限，於是我就採取「鄉村包圍城市」的策略，因為在鄉村打品牌所需要的資源相對少一點，沒有直接在一級城市與國際品牌對打。另一方面，這些國際大廠也還沒注意到或看不上這些小市場，於是 Acer 品牌利用時間建立灘頭堡，成功在這些地區站穩腳步後，累積資源並逐步擴大規模。

另一個重要的策略則是以時間來換取品牌知名度。對大企業來說，手上有錢、有資源可以砸錢買廣

告，快速建立品牌的形象，或是透過併購，加速提升品牌的市占率。不過對小公司來說，既然資源有限，那就用時間來換取品牌知名度，只要能不斷創新，還是能夠一步步在消費者心中建立起品牌知名度。

因此就品牌經營來說，公司的大小不是重點，許多小公司同樣能在消費者心中建立起世界一流的品牌形象，重要的是能否切入對的市場，並建立起對的經營模式。

而且很重要的一個思維是，打品牌的資源一定是要由客戶／用戶買單，資源是來自於市場，藉由消費者買單的錢，再投入品牌行銷，將品牌所創造的價值與消費者有效溝通，建立起獲利的經營模式，再一步步把品牌規模擴大，如此品牌才能長期永續經營。

因此，打品牌要先思考企業的產品及服務能否創造價值，這是經營品牌最重要的本質。如果消費者不買單，就表示產品或服務未能有效創造價值，就需要重新思考消費者的需求所在。打品牌成敗的關鍵在於能否為市場創造價值，而不在公司的大小及手上資源

的多寡。

問：經營品牌是行銷部門的責任嗎？

Stan 哥：有很多企業經營者或高層主管會認為，經營品牌就交給行銷部門、公關公司、廣告公司來負責就好，但實際上這是不夠的。

其實品牌經營是企業 CEO 及全體員工的責任，CEO 要與公司全體員工一同來推動品牌的願景，這就是所謂的「全員品牌管理（TBM，Total Brand Management）」的概念。

這與當年製造業推動「全員品質管理（TQM，Total Quality Management）」的觀念是一樣的。台灣的製造業如今能具備世界級的水準，就是不斷把 TQM 的基因深埋在工廠裡的所有員工。

今天要經營品牌，同樣也需要將 TBM 的基因深埋到所有參與品牌經營的人，全體員工都需要有品牌的意識，如此當品牌經營的過程中遇到任何的挑戰或危機時，全體員工才能掌握關鍵時刻，並在第一時間

就做出正確的回應，才有利品牌的發展。

如果我們能夠打破一些迷思，一開始就對品牌經營有較正確的認識，相信品牌經營的成功率也會大幅提高。

問：如何找到品牌經營的人才？

Stan 哥：人才是經營品牌的關鍵所在，所以對於經營品牌的人才，一定要做到利益平衡，我經營 Acer 品牌以來，都是用合夥的概念，不是把他當員工，而是一起共創價值的合作夥伴，要給他足夠的授權，一起來為品牌來打拼。

我同時也讓合作夥伴也入股，這樣一旦失敗我們都會痛，但一旦成功我們也都可以一起分享成功的果實，可說是利益共同體。

問：品牌愈老會愈值錢嗎？

Stan 哥：一般人經常認為，隨著時間的累積，越老的品牌應該會越值錢，因為品牌知名度需要時間來累

積。

　　但其實我要告訴大家，由於品牌的競爭十分激烈，不進則退。當品牌無法不斷創新、不斷創造價值時，則品牌的價值也會貶值，最後就會失去品牌原有的價值與定位，這也是經營品牌的挑戰之一。

　　大環境變化快速，新競爭對手也不斷出現，許多知名的老品牌往往在市場競爭失利下，市占率被競爭對手的蠶食鯨吞，品牌價值也不斷下降，最終甚至被迫退出原有的市場。

　　因此，品牌不一定存在愈久價值就愈高，品牌價值是會消長的，經營品牌需要不斷地投入與累積，同時兼顧品牌定位與品牌知名度，才能持續創造品牌價值。

問：經營品牌規模大是否很重要？

Stan 哥：經營品牌，最重要的是追求「相對大」的目標市場，「相對大」比「絕對大」重要，要在所選擇的目標市場中，取得「相對大」的市場，並在其中整

合**端到端**的所有資源，成為具有競爭力的商業模式。

市場多元且競爭激烈，因此經營品牌時，市場區隔是很重要的策略，要找到自己的目標市場，分析自己的品牌定位及競爭者的生態，針對願意買單的目標客群來經營品牌，提供創新服務。我要強調，創新是要對客戶／用戶有價值的創新，且要能夠落實。

所以說，打品牌，「好不一定要大，大也不一定就是好」。重要的是，在品牌自己所屬的市場區隔裡，要能掌握「相對大」的地位，即使舞台小，也可以成功打出自己的品牌。

問：從微笑曲線來看，鼓勵大家往品牌發展，是要放棄製造嗎？

Stan 哥：其實從微笑曲線來看，它是一條產業的附加價值曲線，雖然品牌的附加價值相對較製造高，我鼓勵大家朝經營品牌發展以追求更高的附加價值，但並沒有要大家放棄製造，因為台商代工製造是全球化的經濟規模，雖然製造的利潤相對有限，但整體仍可創

造很大的總價值。

對台商來說，做品牌不一定就比代工製造賺錢，因此我鼓勵大家投入品牌經營，並不是要大家放棄代工製造服務。

反而我認為，台灣不能放棄代工製造這門生意，因為代工製造是讓我們掌握全球市場的規模，讓我們在相關的研發製造服務領域有競爭力，仍能創造很大的產業價值，這也是台灣發展的一個重要基礎。

因為對企業經營者來說，不論是要經營品牌或代工製造，關鍵在於能否創造價值，能夠持續創造價值才能永續經營。

至於為什麼很多人投入品牌經營常常不賺錢呢？關鍵在於品牌經營的能力尚不足夠。

過去我們所累積的核心能力較集中在製造領域，製造是我們的強項，在這個領域的人才也多，可以說台灣已擁有世界級的製造能力；反觀一到品牌經營的領域，我們不僅欠缺世界一流的品牌行銷能力，也缺

乏足夠的品牌行銷人才，一旦在國際市場要與國際品牌大廠對打，當然打不過人家。

　　這也是在現階段，我們經營品牌還不容易賺錢的因素，不論是經營品牌的核心能力或品牌行銷人才的培養，都還有待持續投入更多資源及時間來累積。

問：如何解決公司內部經營品牌與代工製造部門的文化差異及衝突？

Stan 哥：經營品牌與代工製造在管理文化不僅存有差異，往往互相還有衝突。

　　宏碁在 2000 年分家前，品牌行銷部門與製造部門就經常存在許多衝突，彼此都會認為產品賣不好是對方的責任，品牌行銷部門會認為是製造部門的產品不好，製造部門則怪品牌行銷部門不會賣產品，互相指責。

　　因此宏碁決定將品牌行銷與研製部門一分為二，分開來做，徹底解決問題。因為這是內部管理文化的衝突，這個衝突甚至還大於客戶之間的衝突。因此，

如果品牌與製造兩種業務同時都在同一家公司，則要有一套如何管理內部衝突的機制。

也由於兩者的管理文化並不相同，所面臨的挑戰亦不同，因此當代工製造業者有意跨入品牌領域時，我會較建議成立新的品牌公司，以獨立組織的模式來運作會較有效。

如此一方面可以解決管理文化衝突的問題，另外一方面，新的品牌公司在整合產業界的資源時也較沒有包袱，可以將訂單委託給產業中最佳的選擇，而不會被侷限在原公司的製造部門，如此可以把最好的產品組合起來，品牌會更具競爭力。

以宏碁為例，在品牌與製造部門分割之前，Acer品牌是靠自己一家公司的資源打天下；但在品牌與製造部門分割後，台灣所有的代工製造廠都成為 Acer品牌的合作夥伴，Acer 可說是靠整個台灣來打天下，更具競爭優勢。

問：國家形象是否會影響台灣的品牌國際化機會？

Stan 哥：國家形象會影響企業的品牌形象，這是很現實的問題。當年宏碁推動品牌國際化時，我第一封推廣信寄給許多國外的目標客戶，後來收到一封來自新加坡的回信，以「台灣不是生產電腦的國家，我沒有興趣合作」為由婉謝，所以說，國家的品牌形象也會影響到企業推動品牌國際化。

甚至 Acer 品牌在國際上雖然知名，但在歐美國家的一般消費者並不一定知道 Acer 品牌是來自台灣的品牌。

國家的品牌形象是「公共財」，但具體需要靠企業、組織或個人的「私有財」，才能塑造出國家整體「公共財」的形象。也只有在私有財的概念下，品牌擁有者才會用心長期經營，並投入產品的創新研展、行銷投資、通路管理等。

舉例來說，台灣整體的國家形象是藉由諸如台灣的醫療、慈善組織的國際善行、企業的國際品牌、運動選手與藝文表演團隊在國際舞台上的表現，透過這些台灣之光在國際上所展現出來的形象，才累積出台

灣在國際上的品牌形象。

　　因此，要提升台灣在國際上的形象，就要讓來自台灣各個領域具知名度的優質品牌，成為全世界不可或缺的產品，長期下來才有助提升台灣的整體形象，進而對來自台灣的品牌形成助力。

　　不過要改變國家的形象，這需要幾個世代的努力，才能改變世界對台灣的看法，這是很現實的問題，需要一點一滴長期累積，才能改變現況。

問：「由右引左」的思維除了應用在高科技產業的創新之外，是否也能運用在其他領域？

Stan 哥：以台灣藝文生態的發展來看，藝術創作要在市場上進行價值交換，才能創造價值，只不過除了少數較具知名度的藝文表演團體能有較佳的票房外，多數藝文表演團體的票房不盡想理，經營也面對許多挑戰。

　　我曾擔任國家文化藝術基金會董事長，長期觀察國內的藝文生態，如果從微笑曲線來分析，藝術創作

者為了落實其創作理念與藝術價值，習慣「由左想右」，先從左端投入研發創作後，再去尋找右端的市場支持；往往較缺乏「由右引左」的思維，先了解右端市場消費者的需求，再來引導左端的創作。

且過去文化部及國藝會的補助資源也是投入在左端較多，主要用於鼓勵投入藝術創作，較少著力在市場端的行銷推廣，導致缺乏來自市場的拉力。

我認為，藝文表演與藝術創作能否吸引「市場」，攸關能否創造價值，有愈多人欣賞，藝文表演與藝術創作的價值就愈高，也方能吸引來自企業及觀眾的支持。

畢竟來自政府及國藝會的補助預算，以及企業用於支持藝文團體的「公益預算」終究有限，台灣的藝文生態要能夠生生不息，能否在市場上交換價值與創造價值才是關鍵所在，目前的瓶頸就是來自右端市場需求的拉力不足，需要有所突破，才能創造價值。

但要讓市場養成藝文消費的習慣，需要有誘因。

所以我也呼籲，除了企業、組織或公務體系，每年應該適度編列經費預算，鼓勵員工同仁投入藝文消費；而文化部則可以規劃補助企業或組織機構，鼓勵投入藝文消費，方能擴大台灣藝文消費市場，成為右端市場的拉力。

如此，藝文表演團體在爭取企業的「公益預算」贊助之外，未來還可吸引預算額度較多的「福委預算」與「行銷預算」挹注進來，形成一個正面的循環，最終打造能讓藝文生態生生不息的新機制。

從王道的思維來看，員工參與藝文活動可以提升生活品質，也有助於工作壓力的紓解，這對於企業／組織、員工、藝文團體、表演者、社會等所有利益相關者都有利。

第四部
台灣的定位與國際化

■從「科技島」到「創新矽島」

從我 1976 年創業一路走來，就是以使命為導向，當時是以「微處理機的園丁」自許，由於華人錯失第一次工業革命的機會，希望微處理機帶來二次工業革命的新機會，華人一定要有所掌握，才不會成為歷史的罪人。

而且這一波微處理器帶來的新機會，至今還沒完沒了，包括互聯網、雲端運算、手機 APP、區塊鏈、人工智慧（AI）、元宇宙等發展趨勢都是微處理機科技的應用延伸。

對於台灣的發展願景與定位，我在 1989 年受邀到總統府以「心懷科技、放眼天下」為題演講，當時我就呼籲要建設台灣成為「科技島」，這在當時受到大家的認同，也成功推動台灣朝高科技產業蓬勃發

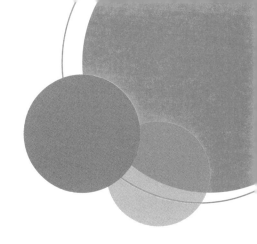

展，寫下台灣經濟發展的奇蹟。

　　且在提出「科技島」的同時，我也同時提出「世界公民」的口號，呼籲台灣在國際化的過程，要落實台灣價值，則到每個國家發展都要成為當地的企業公民，並善盡公民的責任。

　　從王道的思維來看，「科技島」就是創造價值的方向及方法，「世界公民」則是要做到與當地所有的利益相關者利益平衡，如此才能永續發展。

　　後來我有感於台灣如果只以追求「科技島」為目標，仍有所不足，所以在 1996 年進一步提出「人文科技島」，希望台灣在重視科技發展的同時，也要重視人文精神，方能為台灣未來創造更大的總價值，做為長期投入發展的方向。

　　一路發展至今，台灣也在高科技產業領軍下，如

今成為全球半導體與資通訊產業的研發及製造重鎮，在全球供應鏈中扮演關鍵的角色，在整個生態體系有舉足輕重的影響力，這些都是政府與民間一同攜手努力多年所累積的成果。

■台灣新願景：東方矽文明的發祥地

隨著新科技不斷出現，產業新趨勢也不斷地變換，台灣下一波該往哪個方向發展才能繼續創造價值？大家都十分關心。

在科技島的基礎上，於是我在 2016 年宏碁成立四十週年之際再次提出呼籲，面對未來的挑戰，台灣的新願景就是要以成為世界的「創新矽島」（Si-nnovation），並打造台灣成為東方矽文明（Si-vilization）的發祥地。

人類的文明發展跟科技有關，文明發展至今，現在最重要的科技就是半導體相關的矽科技，也是人類未來三、五十年文明發展最為關鍵的技術，可以說

「矽文明」時代已來臨。

尤其文明除了看得見、有形的物質文明外，還包括了看不見、無形的精神文明。

過去台灣在 3C 產品的物質文明方面已為全人類做出具體貢獻，未來希望在矽科技的基礎上，借重來自文化、藝術、醫療、防疫領域的不斷創新，開發出更多的創新應用，讓台灣進一步在精神文明方面也對國際社會做出具體的貢獻。

■產業分工大趨勢

產業發展初期，基於運作有效性考量，一開始都是先以「垂直整合」的型態來發展，產業的上中下游供應鏈都在同一個公司、集團或同一個國家之內，上中下游全部都做，如此會比較有效率，這也是產業發展的初期型態。

日本是「垂直整合」產業型態過去最成功的代表，在 80 年代更讓日本成為世界第一，但也因此，

日本只整合自己國內的供應鏈，但「再強強不過最弱的一環」（指在供應鏈中只要整合到不是最強的供應商，就會影響最終產品的競爭力），加上產業典範轉移，日本的競爭力就開始逐漸落後。

隨著產業發展日趨成熟後，以電腦及半導體產業為例，就慢慢朝向「垂直分工」、「水平整合」的大趨勢發展。

美國在 1960 年代啟動，把半導體的封裝與電子產品的裝配開始移到亞洲，開始了產業的分工。到了 90 年代，全球個人電腦與半導體產業更啟動了典範轉移，整個世界的產業發展大趨勢就由「垂直整合」走向「垂直分工」。

「垂直分工」就是產業上中下游的供應鏈，看誰在哪一個分工項目最具全球競爭力，就找誰合作，成為供應鏈中的一環，不再像過去在垂直整合時以內部的供應鏈為主。「垂直分工」的競爭力會強過「垂直整合」，因為分工會更專注在自己的分工項目發展，且供應商與客戶也都走向多元化。

　　至於「水平整合」則是產業發展成熟後，在同一領域相同的分工常以合併方式來提升競爭力，以發揮規模與成本效益。

　　而產業全球化的分工近來也開始出現一些變化。由於地緣政治與區域市場的需求，加上節能減碳的意識興起，為縮短運輸及減少碳排，產業也開始走向「區域化的垂直分工」。

　　在愈小的區域內分工，更具合作效率且溝通容易，也有時效的優勢。供應鏈的每項分工都可以就近

註：
■垂直整合：產業發展初期，上中下游供應鏈都在同一個公司、集團或同一個國家內發展，一開始會較有效率。
■垂直分工：產業發展成熟後，上中下游供應鏈是看誰在哪一個分工項目最具全球競爭力，就找誰合作，建立起最佳的競爭力。如宏碁與緯創分割的案例。
■水平整合：產業發展成熟後，在同一領域相同的分工常以合併提升競爭力。如日月光合併矽品、大聯大控股公司、聯電五合一等案例。
■水平分工：例如 PC 產業的上中下游，各有不同的應用領域需要分工，如最上游的零組件及最下游的應用軟體（APP），各自專注在其分工領域以提升競爭力。

由在地供應商供應，但如果在地的供應商在某項分工
項目不具競爭力，則還是要找區域外的供應商，才能
維持最佳的競爭力。

■台灣是典範轉移的啟動者

1991 年哈佛商業評論（Harvard Business Review）
發表的文章就提到，世界將走 **Computerless computer
company**（不做電腦的電腦公司）及 **Fabless
semiconductor company**（沒有晶圓廠的半導體公司）
發展。

而這場全球個人電腦與半導體產業的典範轉移，
始作俑者就是宏碁與台積電。在個人電腦領域，宏碁
在 1983 年推出自有品牌後，並開啟 ODM 的新商業
模式；而在半導體領域，台積電 1987 年創立並啟動
專業晶圓代工的創新商業模式。

呼應這一波產業典範轉移的大趨勢，1992 年我
也提出「微笑曲線」，強調產業發展將由「垂直整合」

走向「垂直分工」。

　　微笑曲線是個人電腦產業的附加價值曲線，在水平線上有很多的分工，由右邊的系統公司來整合左邊的零組件公司，品牌公司再與系統公司做產銷分工，每一個分工很重要的是 Go big or Go home，沒有全球競爭力就不做。

　　另一個重點是 Where is the beef？（牛肉在哪裡），要專注在有核心能力能爭取到牛肉的領域，這就是垂直分工生態的開始。

　　而推動半導體產業的典範轉移，台灣與台積電也是主要的貢獻者，美國雖然掌握全球市場，但也要借重台灣夥伴攜手共創價值，這也啟動了台美合作的新浪潮。

　　因此，在高科技產業領域，美國發展技術創新，而將製造委外給台灣夥伴，才能造就許多美國國際品牌大廠的競爭力。

　　從王道的思維來看，產業典範轉移走向垂直分

工，長遠目標就是要創造出最大的六面向總價值（顯性價值＋隱性價值），為參與其中的所有利益相關者建立一個能夠各自發揮的最有利生態。

不過當年在哈佛的文章發表後，英特爾並不認同，仍堅持以垂直整合的模式發展，經過 30 年的演變，順勢則興、逆勢則衰，即使是當年世界最強的半導體公司，也擋不住典範轉移的大趨勢，最終敗下陣來。

■台灣產業贏的定位

對於台灣產業的發展定位，我也提出在製造業要成為「全球研發製造服務中心」，在服務業則要成為「全球華人優質生活創新應用示範重鎮」。

尤其相對於台灣過去產業發展以製造業的外銷為主力，服務業國際化未來的發展更將有「千倍的機會」，當然相對也有「百倍的挑戰」等待我們去克服。

且面對未來台灣產業發展也要有新的策略思維，

我們應從過去「由左想右」（技術導向）、轉為「以右引左」（市場需求導向），並以「內需來帶動外銷」。

「以內需帶動外銷」的策略，就是要藉由創造國內市場需求，讓台灣業界有將創新落實的舞台；其次在台灣練兵後，能進一步以國際為市場，結合各行各業共組「虛擬夢幻國家隊」，讓台灣對國際社會做出更多貢獻，朝國際化發展。

大環境有許多新挑戰，台灣未來要轉型升級，就要及早超前部署。台灣在發展策略上應該要「做得早、做得小」，並在過程中慢慢積經驗並等待時機，等找到對的方向後再擴大投入資源，才能掌握最佳時機，否則如果太早耗盡資源會後繼無力，也會打擊信心。

■台灣是全世界的朋友

而對於台灣未來要走的方向，我認為，台灣客觀的環境與發展條件與歐美日韓均有所不同，對台灣來

說，台灣就要當全世界的朋友，未來要扮演「全球最佳的合作夥伴」，才能讓台灣發揮最大的價值。

90 年代整個世界的產業趨勢開始走向分工，台灣掌握了全球科技產業分工的契機，成為全球最佳的合作夥伴。所以我說：「台灣，是所有人的朋友；韓國，是大家的敵人。大陸則是所有人的機會；日本，則是大家學習的對象。」

大陸擁有龐大的內需市場，是全世界所有人的機會；而長期以來日本追求第一的精神，值得大家學習；至於韓國在各個領域攻城略地，是大家的競爭者。

而台灣，在產業走向分工的大趨勢下，可以在產業價值鏈中扮演關鍵的角色，是所有人的朋友，台灣可以整合全球的資源，也可以被全球整合，與所有的合作夥伴共創價值，台灣的定位就是要做「全世界的朋友」。

■台灣存在的價值：對全世界做出貢獻

　　台灣產業文化的特質就是具有彈性、速度、成本上的優勢，所以面對國際局勢不斷的變化，我們可以快速調整自己來面對未來的挑戰。

　　而且國際化對台灣來說，天生就是必要的，因為國內的市場相對有限，台灣有很大的能量可以面對國際的需求，在全球分工的體系之下，專注在台灣能夠對全球產業分工做出貢獻的項目，如今台灣在很多產業項目都已成為隱形冠軍。

　　當年在台灣 921 大地震之後，美國商業周刊《BUSINESS WEEKLY》封面故事就報導 **Why Taiwan matters?**，重點就是說台灣如果有什麼問題的話，全世界的供應鏈就會出問題，表示台灣各行各業所做的很多努力，已在國際上扮演重要的角色。

　　尤其最近幾年，因為半導體的晶圓代工，台灣在技術上及產能上都取得世界最領先的地位，很多先進國家都需要靠台灣的這些能量，所以我們一定要走向

國際化，本來台灣存在的價值，就是要對全球社會做出具體貢獻。

因此，只有國際化才能讓台灣的價值最大化，並讓台灣價值在國際舞台實現。

很重要的是，王道的三大基本信念就是「創造價值、利益平衡、永續經營」，台灣要國際化，首重之重就是要與當地的所有夥伴攜手共創價值，其次就是要做到利益相對平衡與動態平衡，如此才能邁向永續發展的目標。

不過，國際化是一條漫長的路，很重要的是，台灣在國際化的過程中，我們的心態不是只為了賺錢，而是要以世界公民的心態，並考量當地合作夥伴的相對利益，追求共榮共存，與在地的合作夥伴攜手合作，對當地做出貢獻，如此台灣就會成為全世界都歡迎的合作夥伴。

問：企業國際化經營，總部與區域之間如何做到「利益平衡」？

Stan 哥： 思考「利益平衡」，不只是在企業內部要做到利益平衡，還包括員工所在的國家以及產業，都要達到相對的利益平衡。

另外談利益，也有二個層面，包括顯性利益與隱性利益。要做到利益平衡，很重要就是要從「六面向」算總帳，企業領導人要儘量把隱性利益的價值放大，以未來的願景、使命及成就感來驅動大家一起為公司打拼。

至於在顯性利益方面，由於有形的利益就固定那麼多，領導人往往就是在做決策時，我自己少拿一點，藉由**讓利**，讓大家也願意少拿一點點，本來不夠分，大家各退一步，就相對能夠利益平衡。

我們老祖宗就說過：「不患寡而患不均」。有時雖然實際可以分到的少，但因為沒有感到分配不均，所以也就能接受了。所以對於利益分配的原則，在平時

就要與員工做好溝通，員工才會信賴公司的利益分配
機制。

問：企業在國際化的過程中，如何面對隨時可能出現
的危機？

Stan 哥：企業國際化是為了讓企業能不斷成長，但在
國際化的過程中，一定會面臨許多未知的風險與潛在
的陷阱。

　　即使如此，為了累積國際化的經驗與能力，企業
還是要做好**繳學費**的心理準備，只要所繳的學費是在
企業還能承受的風險之內就可以忍受，最重要的是要
能夠從教訓中學習到寶貴的經驗。

　　我創立宏碁以來，為了讓 Acer 品牌國際化，也
繳了許多的學費，但相對也讓宏碁在國際品牌行銷、
跨國經營管理、企業併購等等領域，累積許多豐富的
經驗並培育許多經營人才。

　　特別是宏碁在 1989 年為了拓展美國市場，併購
了一家美國 PC 維修服務公司，併購時宏碁只付出 50

萬美元的代價就完成併購，沒想到因為欠缺國際化的
管理能力，幾年後算總帳，這個併購竟然讓宏碁虧了
2,000 萬美元，從過去的經驗與思維中，這實在是想
都想不到的事情。

　　這個教訓也讓我體驗到「企業的經營一定要步步
為營」，在可預見的範圍內儘量避開潛藏的危機與陷
阱。而未知的風險正是企業永續經營面對的最大挑
戰，一個不小心，企業就會蒙受極大的損失，因此經
營者一定要做好風險的控管。

問：地緣政治角力持續，中美博弈的情況日趨白熱
化，台灣如何面對？

Stan 哥：對於中美博弈下的競局，我認為，競爭應該
是要看誰能對世界做出較大的貢獻，要從利他的思維
出發，才能找到真正的解方。

　　尤其有條件的大國，不能以「贏者通吃」將利益
全拿，而是要以「共存共榮」的心態，為整個生態的
永續，與合作夥伴利益平衡才是王道。

　　台灣的定位就是「全世界的朋友」，台灣在全球立足的心態，就是期望可以對全世界做出具體的貢獻，這也是台灣存在的價值。所以台灣未來很重要的使命，就是透過台商在全球化或區域化發展的過程中，以產品的研發及製造服務積極對世界做出貢獻。

問：護國神山台積電赴美投資設廠引發各界關注，有人認為台灣半導體產業有被掏空的疑慮，您曾經長期擔任台積電董事，您的看法如何？

Stan 哥：台積電的核心基礎在台灣，未來也仍會繼續在台灣擴大投資晶圓製造的產能及先進技術的研發，佈局海外是進行區域性垂直分工，將有助台積電提升國際競爭力，長期並將為台灣創造更大的總價值，這也是台灣國力的延伸。

　　美國要做製造，本身的文化與環境並不理想，設廠的成本也高。但在地緣政治的考量下，美國基於國防及產業的安全，為降低供應鏈風險，因而要求台積電赴美投資設廠。

　　國防上所需要的晶片，美國當然希望由在地供應，才能掌控。而產業上所需要的晶片，一般單價高、體積小，在台灣生產成本相對低，可以透過空運滿足市場需求，只不過美國基於產業供應鏈的安全考量，希望台積電赴美設廠，雖然台積電可以配合，但所增加的成本還要是由客戶吸收。

　　經營企業原本就會安排第二供應來源（Second Source），以防萬一，而主供應來源與第二供應來源的比例，也許是 3:7 或 2:8 或 1:9。我相信客戶也會慢慢在全球化、區域化、當地化之間，找到一個最佳化的比例。

　　台灣已掌握半導體晶圓製造最核心的技術，也在全球半導體產業供應鏈中扮演最核心的關鍵角色，配合產業未來發展趨勢，台灣也要進一步展開國際化與全球化佈局，才能對各區域市場做出貢獻，繼續在全球半導體供應鏈扮演主導者的角色。

　　台積電赴海外投資設廠，反而是台灣國力與產業力的延伸。且台積電在市場當地投資，不僅對在地有

利，其實對台灣也有利，一方面讓台積電的技術創造更大的附加價值，投資獲利最終也會回饋到台灣。

問：台商赴海外投資設廠，是否會造成台灣產業空洞化的疑慮？

Stan 哥：對於台商赴海外投資設廠，往往會引起產業空洞化的疑慮。其實，這是因為一般人對於製造外移，容易只看得到**顯性**的價值，因為製造外移而讓本土的就業機會減少。

實際上，台商透過在海外投資佈局，透過**隱性**的技術與管理財回收，反而長期可以創造出更大的總價值，只不過一般人往往看不見隱性的價值。

台灣 ICT 產業領域規模較大的企業，在全球佈局下，都是海外製造據點規模遠大於在台灣的製造規模，提供全球最具競爭力的研製服務。不過製造據點雖然佈局全球，但研發、訂單、財務、指揮系統都是掌控在台灣總部。

台商到海外設廠是借重當地的資源，並與當地的

市場及社會整合，才能擴大全球的規模，並提升競爭力，進而創造更大的價值。

從王道思維來看，台商赴海外投資設廠，不能只從製造外移的顯性項目來看，更要從台商展開全球佈局、擴大規模所能創造長期的總價值來看，將有利提升國際競爭力，並在全球供應鏈繼續扮演核心的關鍵角色，也讓台灣為世界做出更大的貢獻。

問：台商在新南向政策中的機會與挑戰？

Stan 哥：面對全球化走向區域化發展的大趨勢，台灣未來也將持續扮演對全世界貢獻者的角色。過去在全球化的過程，台商努力以製造代工服務爭取機會面對歐美市場，如今在區域化發展興起下，未來台商新南向發展除了可供應歐美市場外，還可拓展當地區域市場的需求。

最關鍵的是，新南向要有新思維。首先思維上最大的不同點，在於過去台商的新南向佈局是基於**製造**導向的考量，主要是為國際品牌大廠代工製造成品，

以供應客戶在歐美市場的需求。

但面對未來該區域市場的發展潛力，台商在原有**製造**導向考量外，要再加上以**市場**導向來考量，著眼於新南向國家崛起，代工製造服務除了供應歐美市場外，還可以為國際客戶就近供應南向國家當地市場；另一方面台商也可考量經營南向國家的品牌市場，相信將可以創造更多的新機會與新價值。

台商是提供全世界研製代工服務，台商的競爭力是來自於研發的能量，因此要持續在台灣強化研發能量。尤其台商的特色就是彈性、速度及具競爭力的成本，面對大環境的變化與景氣起伏，相對都可以更快速的調整與反應，較其他競爭對手更為堅韌。

此外，台商在海外的製造據點要具競爭力，還要在當地形成新的產業聚落，這不只是靠一家公司移過去，而需要整個供應鏈的轉移。

過去台商之所以能在大陸成功建立起製造代工的產業聚落，主要是因為聚落中的主力—台商中小企

業，在大陸沒有文化及語言的隔閡，如果要在新南向國家複製成功經驗，當地的工業園區就要提供台商中小企業專屬服務，才能打破文化與語言形成的障礙。

　　且台商在新南向的發展過程中，還要借重新南向國家在台的留學生，這些留學生是實現台灣價值，推動台灣國際化的關鍵人才。

　　這些留學生畢業後如果留在台商企業中工作，將會是台商的一大助力，也會是台商在新南向國家當地化經營能否成功的重要關鍵。

問：在經營企業的過程中，如何因應不斷出現的新挑戰？

Stan 哥：大環境變化快速，新競爭者也不斷出現，企業追求永續經營的關鍵就是要「不斷累積新核心能力」。

　　客觀環境的條件不斷在改變，企業過去所擁有的核心能力不見得能應付未來的需求，因此經營企業也要不斷培養及建立新核心能力，方能面對未來的挑

戰。

　　特別是企業原本所擁有的核心競爭力，在大家都學會之後，原本的知識可能就會變得不值錢。此外，原本企業有價值的地方，隨著時間變化典範轉移，價值也會遞減，因此企業要及早投資培養新的核心能力，如此在市場上才能持續擁有競爭優勢。

　　因此，經營企業最重要的就是要持續累積核心能力，特別是要在企業還有能力及資源時，就要投資建立新核心能力，挪出一些資源往前試探，開發新市場與新技術，如此日後才有足夠的能力來面對各種新的挑戰。

問：景氣起起伏伏，企業要如何面對不景氣？

Stan 哥：大環境的變化向來是經營企業要面臨的挑戰之一，特別是景氣起伏的循環無可避免，企業平時就要做好相關的準備及必要的調整。

　　尤其當不景氣來臨時，企業正好可利用這個時機，檢討未來的經營策略，調整企業體質，同時並培

養企業面對未來需要的新核心能力，以提升企業競爭力。

　　經營企業是以永續為目標，大環境的景氣、不景氣不是只有一次，而是會不斷地循環，企業經營者應該把它當做是一個常態，樂觀去面對它，這也是企業經營必定會經歷的過程。

問：如何凝聚共識為台灣打造更堅韌的社會？

Stan 哥：當前全球正面對氣候變遷、淨零碳排以及地緣政治造成供應鏈斷鏈風險等種種挑戰，令人感到憂心。

　　本質上，這些問題都是屬於長期的問題，且範圍很廣，要真正解決問題，就需要時間建立起新思維，進而建立新的機制與新核心能力，長時間累積才能有效解決問題。

　　尤其要**翻轉新思維**本來就會面對很多的挑戰及困難，許多人也會因為習慣於舊有的思維而不願意改變，因此需要有共識的人承諾並採取行動，才能一步

步去改變舊的思維，同時建立起新的機制。

　　面對未來，為了替台灣打造一個更堅韌的社會，領導人也要站出來充分與民眾溝通，爭取社會大眾支持對環境好的改革方案與機制，透過論述，讓大家逐漸形成共識。

　　雖然新機制會影響很多人現有的權益，但為了台灣的永續發展，大家要站在利益共同體的立場，一起建設台灣的未來。

　　例如過去台灣長期水電低價的政策是個盲點，不利於環境的永續發展。但為了地球環境的永續，大家應該體認到，包括水資源、能源、排碳都是有成本的，大家也要願意為了保護環境而付出必要的代價。

　　台灣已成為世界的「創新矽島」，未來透過矽科技的創新應用，可以為全人類的文明做出更多的貢獻，台灣要以世界公民的心態，在國際上善盡自己的責任，為世界做出貢獻。

問：台灣了啟動全球個人電腦與半導體產業的典範轉

移，依您的觀察，未來是否還有機會在其他產業領域
再次啟動典範轉移？

Stan 哥：90 年代在高科技產業從垂直整合走向垂直
分工的大趨勢下，台灣曾啟動個人電腦與半導體產業
的典範轉移，並以研製代工服務在全球供應鏈中扮演
了關鍵的角色。

　　時至今日，依我的觀察，台灣將再次啟動全球產
業的典範轉移，而這一次典範轉移的主角將是電動車
產業。

　　電動車未來將是台灣的一個新機會，汽車產業是
規模最大的產業，供應鏈也相對最複雜，產業要進行
典範轉移相對不容易。

　　但台灣在這個世界最大的產業中將可以扮演關鍵
的角色，實際上台灣業者已打進了電動車業者的供應
鏈體系中，諸如半導體晶片、面板、馬達及電子零組
件等等，但我更期待，未來電動車產業典範轉移後的
新生態可以造福所有的利益相關者，尤其是消費者與

所有的供應商。

　　電動車產業的發展與個人電腦產業一樣，初期也是先由垂直整合開始做起，如今隨著產業發展日益成熟，可以預見未來也將走向垂直分工，電動車產業的新生態正在慢慢形成。

　　台灣要參與電動車產業的新生態，最重要就是要建立一個「開放式的創新平台」，來推動電動車產業新生態的發展，但傳統汽車產業的主要業者為保護自己原有的利益，不太可能建立這樣的平台。

　　我也相信，未來台灣在電動車產業垂直分工的大趨勢下，將成為最大的受惠者，其中，ICT與半導體業者未來更將在電動車生態中扮演重要角色。

　　而電動車產業要啟動新的垂直分工的新生態，關鍵就在於發展電動車底盤，電動車底盤就像電腦的主機板一樣重要。電動車產業目前缺的是新的底盤設計，如果台灣能把所設計的底盤變成商品，如同電腦主機板一般，供應給有興趣加入的新業者，或授權業

者在各國當地化生產底盤，電動車產業就可以朝當地化發展。

　　業者最擔心的是替他人抬轎，最終利益只集中的少數業者，沒能做到共存共榮，就像當年個人電腦產業的利潤集中在 WinTel，結果會造成生態不平衡。

　　所以電動車產業垂直分工的新生態要成功，關鍵就是要有開放式的平台，容許參與者一起創新，建立起一個共榮共存的平台，這也才符合王道精神─共創價值、利益平衡的思維，如此才有利新生態的永續發展。

■從王道看企業存在的價值

我在 1976 年、32 歲時創業，當時我就認為，「企業是因為社會的需求而存在。」

所以我就問我自己，社會上已經有那麼多公司了，為什麼我還要再開公司？我的存在對社會有沒有價值？能否滿足社會的需求？

如果有，能對社會做出貢獻，那在資本主義市場經濟的環境下，自然就會回饋名利給能為社會創造價值的人。因此我說，名利是對社會有所貢獻的回饋，而不是一開始就汲汲營營以追求名利為目標。

經營企業很重要的一個思維是，貢獻社會才是最終的目標，賺錢只不過是手段，因為不賺錢就無法永續。

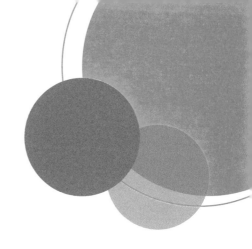

　　因此，經營企業首先就是要為社會「創造價值」，企業是為了滿足社會的需求而存在。

　　經營者要思考的問題是，市場的需求是什麼？能否有效掌握市場？其次則是經營這個市場，能否將本求利？創造的價值是否高於投入的成本？否則經營的正面循環會斷掉。

　　在「創造價值」之外，其次，企業經營最重要就是要做到「利益平衡」。

　　經營者在創造價值、創造利潤後，很重要的就是要兼顧到所有利益相關者相對的利益平衡，讓整個企業經營生態中的參與者，對於利益的分配感到平衡，如此才能讓生態持續發展，最終實現永續經營的目標。

■傳承為永續：「所有權」與「經營權」分開傳承

企業要永續經營實屬不易，過程中會面對許多的挑戰，而企業也只有透過傳承才能一棒交一棒，最終也是為了永續。因此，做好企業傳承，是企業領導人很重要的責任。

對於傳承，我自己的做法是將「所有權」與「經營權」的傳承分開來思考。「所有權」就依法傳承給家族下一代；至於「經營權」則交給專業經理人（含家族成員）來接班。

從宏碁成立的第一天開始，我從來就不認為公司是我個人的，宏碁是大家一起創辦，加上所有同仁一起努力打拼，才有今天的成果。因此從王道精神來看，宏碁是所有利益相關者及所有支持 Acer 品牌的人共同擁有。

所以從 Day1 我在公司就有二個角色，一個是從「所有權」來看，我與我的家族持股較多，我扮演公

司大股東的角色。另一個則是從「經營權」來看，我是公司的專業經理人，受所有股東的委託來經營公司。

有關「所有權」的傳承，法律已有相關的規定，我名下的持股將來有一天會傳承給後代，我的家族下一代成員會繼承這些股份。

至於「經營權」的傳承，對企業的永續尤其重要，企業要找到能夠勝任的專業經理人來接班，才能永續經營。

我很早就對外宣布「傳賢不傳子」的理念，主要是基於三大理由：包括對同仁不公平（少了升遷機會）、對小孩不公平（接班壓力大）、也對我的錢不公平（接班接不好會縮水）。

尤其高科技產業因為變化快速，公司經營權要傳子並不容易，如果歷練不夠，風險實在太大，這是和自己的財產過不去，當年王安電腦就是一個例子。

我這個想法從未改變，並且已在我退休前實踐

「傳賢不傳子」的承諾，將宏碁的經營權交棒給當時的專業經理人。後來雖然因為宏碁經營遇到困境，在啟動宏碁三造時短暫回鍋 210 天，不過很快就再次交棒給現在的專業經理人。

　　且對日後「經營權」傳承，公司也已建立起機制，將由當時的經營團隊推薦，再由當時的董事會成員一起做決定。

■家族成員的任務：成為支持經營團隊的穩定力量

　　此外，在企業傳承的過程中，「所有權」與「經營權」之間的互信及相互支援更是企業傳承能否順利的重要關鍵。公司的經營團隊必須要能獲得董事會成員的信任及充分支持，方能有效發揮企業的戰力。

　　所以我給下一代家族成員的任務，就是希望他們要和公司的經營團隊建立起互信基礎，將來成為支持公司經營團隊的穩定力量，讓經營團隊有穩定的經營

環境，這也是我期待家族成員將來扮演的角色。

　　尤其對第一代創業者來說，打拼了一輩子，最大的希望就是看到家族成員和諧，然後把當初創業的理念與無形的價值觀繼續傳承下去，這比有形資產的傳承更為重要。

　　企業要永續經營，包括「所有權」與「經營權」都要傳承得好，才能有助企業永續。

■傳承要及早規劃

　　對於企業的傳承，我形容就像是一場「接力賽」，要一棒交一棒，因此在交接棒時會有一段重疊的時間，如同進入接力賽的接力區，要及早做好規劃才能確保不會掉棒。

　　我在 40 多歲時就已決定要在 60 歲時退休，要將公司的「經營權」交給專業經理人，所以一路走來都很用心在培養接班人選。

　　一方面，要找到理念與價值觀相符的人來接棒，同時也要觀察接班人是否能勝任。另一方面，也要輔導他並支持他，且在完全接班前要有一段陪跑的時間，讓他有信心，並且在接班後要放手，讓接班人扛起重任。

　　當初宏碁三造後交棒給陳董事長，有一段期間每周我與他都有安排固定的「便當會」，一起吃便當，也利用這段午餐時間來交換意見與經驗，我就像個**老朋友**及**教練**在旁陪跑，傳承經驗，讓他一步步扛起宏碁的未來。

　　要交棒的人，如果自己不放心，是跟自己過不去，因為遲早是要放手的，所以很重要就是心態上要「放心」，學會放手很重要，看不開是自己吃虧，要邊放手邊傳承。

　　且交棒後要盡量放手給接班人去做決策，只有在接班人需要幫忙時，才提供必要且關鍵的協助，尤其不要因此打擊到接班人的士氣，因為經營者的信心非常重要。

在我退休後，每當公司遇到經營困境，常有人會問我說你要不要回去，我說我不要，我的理由也很簡單，因為變革是組織要傳承下去的 DNA，企業要追求永續，高科技產業平均十年就要進行一次變革，那下次、下下次我只能從棺材中出來，所才一定要變成公司的 DNA 才行。

■台灣不缺人才，只缺舞台

領導人要為組織及社會創造價值，投入人才培育，雖然是對隱性價值的投資，往往並不容易立即看到投入的成效，但如果長期從六面向總價值來看，卻是投資報酬率最高的項目。

因為人才能為組織及社會創造出來的價值，往往是所投入資源的後面再加一個 0、二個 0，甚至加好幾個 0 都有可能，人才也是創造價值最重要的關鍵。

對於台灣人才的現況，我認為「台灣不缺人才，只缺舞台」。台灣在各個領域都有許多有潛力的人

才，關鍵是缺乏舞台讓人才歷練，只要能搭建舞台培育人才，台灣人才就能在國際上發光發熱。

所以有資源、有影響力的人，就有責任來搭建新的舞台，只要把激勵人才成長的舞台搭建好，人才就可以找到發揮潛力的機會，進而為社會創造價值。

此外，領導人也要有遠見，未來哪裡有價值、哪一些新能力能夠創造價值，領導人也要提供環境，激發整個組織往更高附加價值的方向前進，同時建構一個大家可以共創價值的新舞台。

■充分授權＋為員工繳學費

培育人才，最關鍵就是要提供人才歷練及成長的舞台。

台灣 ICT 產業一路走來蓬勃發展，創造了很多新機會，雖然挑戰大，但也提供了很多新舞台給大家。

宏碁培育人才的具體做法，就是藉由分散式管

理，**授權**員工做決策，並為**為員工繳學費**。

授權員工做決策，雖然過程中有可能會因經驗不足而失敗，但讓員工在錯誤中學習成長，才會學到教訓，犯錯也是人才歷練很重要的過程。所以公司也願意鼓勵員工勇於創新冒險，並為員工繳學費，讓員工可以在歷練中成長。

此外，在宏碁的文化中，還有一種培育人才的作法，就是在職位上的人如果想要升遷，一定要先培養替死鬼（接班人），如此才能有利自己的升遷。

我很早就下定決心要積極訓練人才，不怕被同業挖角，雖然有人笑我說這是在培養自己的競爭對手，但我認為人才就算離開宏碁，也是替產業界培養人才，有助台灣未來產業的長遠發展。

因此，在宏碁成長的過程中，90 年代我提出了「分散式管理」、「21 in 21」（21 世紀要有 21 家上市公司）、「群龍計畫（培育百名總經理）」等，就是要為公司的同仁搭建舞台，並藉由充分授權，讓同仁能

有歷練的機會，自行做決策，並在決策過程中學習教訓。

此外，人才能否有效發揮，往往也與部門的主管有關，主管是否有擔當，讓下面好做事，有責任他扛，成功則分享給部屬，這也是培育人才需要的環境。

■宏碁的貢獻與價值：為台灣培育人才

宏碁創立後落實人性本善的組織文化，採用分散式管理，充分授權同仁，重視為員工繳學費，提供歷練的舞台，也因此，宏碁一路走來培育出許多優秀的人才。

回頭一看，高科技產業許多董事長、CEO，都是從宏碁畢業出去的，宏碁可以說是台灣高科技產業人才培育的搖籃。

且在半導體與 ICT 領域的許多領導企業，也都因為合併宏碁相關企業而有了宏碁的 DNA 在其中，

包括台積電（合併德碁）、聯發科（合併揚智）、鴻海（合併國碁）、大聯大（合併建智）等等，雖然這些被合併的公司名字不再，但卻融入合併他們的企業中繼續共創價值，繼續發揮影響力。

所以我也常說，「宏碁對台灣最大的價值，並不在於賺了多少錢，而是為台灣社會培育了多少人才」。

如果從「有形、直接、現在」的顯性價值來看，宏碁不是最會賺錢的企業；但如果從六面向總價值來看，尤其在「無形、間接、未來」的隱性價值方面，宏碁為台灣社會培育了許多高科技產業的人才，並帶給年輕人信心和希望，以及 Acer 品牌在國際舞上發光發熱，這些才是宏碁存在最珍貴的價值所在，這也是王道精神所追求的目標。

問：宏碁集團當年傳承交棒時，「兄弟分工、各自努力」，當初的策略考量為何？

Stan 哥：ICT 產業範圍相當廣泛，經營品牌與製造的

業務也有很大的差異，但經營需要專注。且以美國跨
國大企業 GE 為例，如果交棒給一個人時，所有同一
級的同儕（副總或事業部門總經理）就都會離開企
業，造成人才流失。

所以 2004 年底我退休時，考量到集團事業版
圖的差異性，因此我把集團分成三塊事業版圖，交
給三個人接班—ABW 家族（宏碁 Acer、明基友達
BenQ、緯創 Wistron），當時 ABW 家族整體營運規
模已達 222.3 億美元。

尤其交棒後，一定要全力支持接班人所帶領的經
營團隊，讓他們當家做主，有充分發揮的舞台，經營
團隊才會有成就感。

此外，從宏碁退休時，對於公司老臣我也做了安
排，當時讓公司美國、歐洲、亞太等區域的總經理及
總財務長都跟我一起提前退休，為的是讓接班的人好
做事。且老臣由於在公司內資歷久、薪水高，他們退
休離開也有助公司成本降低，競爭力提升。

雖然讓老臣們提前退休，但我是另外提供他們新的舞台，我退休後成立智融集團，以「智慧融通、共創價值」的理念，讓他們在創投領域有新的舞台可以發揮，這也是少有的模式。

問：企業傳承時，「享受大權旁落」並不容易，要如何才能真正做到放手？

Stan 哥：經營者雖然要關心很多事情，但公司要做的事也很多，所以還是一定要儘量授權，工作外包才能把事情做好。不過雖然「工作外包」，但是「責任不能外包」，一旦失敗還是要自己扛起責任。

授權雖然還是有可能面對失敗的結果，得付出必要的代價，但如果都不授權，什麼都自己做，最後也是會累死，所以最終還是要授權。而且人性本善，我相信被授權的同仁會比我更想要把事情做好。

企業第一代在交棒傳承時，往往有放心不下的問題，這其實是心理問題，只要能想通，終究有一天是要放手的，還不如趁自己還看得見時就安排交棒，只

要在思維上有所突破，自然就能夠放下種種的牽掛，做到真正的退休。

問：企業二代或專業經理人如何在傳承第一代創業者留下的意志之餘，又能因應時代的變化做出改變？兩者如何兼顧？

Stan 哥：對於企業第一代創業者留下的意志，這是過去成功的重要元素，好的部分要給予尊重，繼續保留下來。

但有些過去的舊意志或老方法也可能成為面對未來的障礙，對此要充分說明溝通，例如原本的舊思維有 90% 是對的，只有對其中的 10% 有意見，那就說明理由，拜託大家務實調整 10%，這就是思維翻轉。

思維翻轉是變革轉型的重要關鍵，透過思維翻轉進而建立起新機制，獎懲賞罰都要配合新的機制慢慢調整，最終帶動行為翻轉。

推動轉型變革的阻礙，往往來自既得利益者，他們待在舒適圈，對變革沒信心也沒誘因。但未來和以

前完全不同，舊方法已不可行，要說服溝通。

如果舊方法已不可行，我推動變革的做法是「換腦袋或換人」，面對未來一定要換腦袋，如果做不到就只好換人，因為未來完全不同。

問：如何安排企業二代的接班歷練？

Stan 哥：安排學習，最好能由基層開始歷練，最重要就是要讓專業經理人、公司老臣與二代之間保持良好的關係，二代要放低姿態，否則二代如果太強勢，專業經理人或老臣恐會不舒服而造成彼此的關係緊張。

當年我第一個工作就業時，原是研發工程師，後來分派到生產線，對生產製造的工作較不了解，雖然我的職位較高，但我還是很客氣向領班請教工作上的事情。

「買豆腐，練刀路」（台語，指藉由豆腐來練刀工），二代也是要由基層開始歷練及培養能力，提升能力與建立信心都是在學習的過程中長期累積而來。

此外，也要讓二代了解到，經營事業很複雜，不能小看。很多事情急不得，不能太強勢，如果當下不能解決問題時，可以先停下來再想想，事緩則圓，隨著時間經過狀況改變後，有時也會想到更圓滿的解決方法。

問：如何減少企業二代接班的風險？

Stan 哥：所謂「小錯不斷、大錯不犯」，對於不致於犯下大錯的，可以慢慢放手，但對會致命的，就需要花較長的時間來歷練後再放手。而且在犯錯的過程中讓二代負起責任來，檢討所犯的錯，是最有效的學習成長。

經營企業是點點滴滴的累積，有些專業要借重專業的人來做，二代要負起責任，長期透過實際的歷練，才能把企業帶起來。同時也要讓二代了解責任要交給他，如何強化他的能力，提供舞台讓他接班成長。

包括財務、製造、研發、業務、品牌行銷等等，

都有專業在其中，二代要去面對企業經營的每一個環節，所謂「再強強不過最弱的一環」，最弱的一環就會拖住公司往前走。

問：企業二代對於如何經營他們往往有自己的想法，一代在心態上如何與二代互動？如何溝通？

Stan 哥：二代接班是需要被鼓勵的，尤其二代往往教育水準比一代高，年輕人也有想法，也看了很多新事物，視野更開闊。就連未來的市場及社會發展，二代也往往比一代更接地氣。

但一代的優勢是腳踏實地，當二代有心往未來方向走時，要給予鼓勵，一代只要以其對企業的了解，協助二代務實地達成目標，讓二代知道要達到目標需要時間並強化哪些能力，要腳踏實地來完成。

我認為，面對未來，不冒險就是企業最大的風險。我有位朋友張宏嘉也說：「創業唯艱、守成必敗」。

企業守成就沒法面對新的競爭，企業經營不能用

守成的觀念，因此一代應放手讓二代去做可能要承擔風險的事，只要從旁提醒。且失敗的教訓對二代來說，可以學習成長，重點還是要給予二代鼓勵。

面對未來的挑戰，信心是最重要的，需要長時間才能慢慢建立起來，如果有小錯可以檢討改善，但如果沒信心，沒法對抗挫折，不敢扛起責任，就不能成大事。

問：過去一代對公司經營方向有主導權，當二代與專業團隊對公司未來方向有不同看法時，如何來做最後的決策？

Stan 哥：在經營上，我會採取「5C 決策原則」成為公司的管理文化，「5C」就是：「Communication、Communication、Communication、Consensus、Commitment」。

藉由不斷溝通，內部尋求往前走的共識，在做決策那個時間點，「想不到更好辦法的辦法」就是共識，因為不往前走不行，大家只能支持並做出承諾，

不能為反對而反對，而不能承諾的人就先擺到旁邊去。

有了共識，大家才能往共識的方向往前走，當然在過程中也可依實際情況再調整方向，很重要的是要依 5C 的決策原則，尊重大家的想法。對有不同意見的人要說服他，先放下不同意見，朝共識的方向一起往前。

雖然對未來的願景及目標要取得共識，這可能需要花一點時間，在取得共識後，轉型的過程，可以設定一些里程碑，大家朝目標一起努力。實際過程中可能會有挫折，再依 5C 原則來務實調整，如此傳承及轉型會較有效。

問：如何有效塑造企業文化凝聚內部向心力？

Stan 哥：企業文化的塑造是由上而下，包括企業的使命、價值觀與基本信念，都要傳遞給全體同仁才能進一步落實。且領導人有責任讓企業的價值觀與使命成為共識，變成大多數人想的、講的、做的，進而建立

起企業的文化。

例如宏碁當年提出微處理器的園丁、不做歷史罪人等這些使命，在當時的客觀環境下，很容易就打動員工，受到員工認同，成為大家的共同使命。

此外，當企業發生重大事件時也是形塑企業文化的關鍵時刻。舉例來說，宏碁在1984年的318事件，宏碁在竹科園區的IC遭竊，損失約4,000萬元，當時刑事單位與媒體都認為是內賊所為。

雖然外界懷疑我們的員工，但我還是公開對外界宣佈「宏碁人性本善的企業文化不變」，這個宣佈當時感動許多基層的作業員，讓他們對公司更有向心力，事實也證明非員工所為，破案時許多同仁都高興到流淚。

企業文化能否建立的關鍵，就是在公司碰到挫折時，還能夠繼續堅持下去。

此外，一般來說，在公司規模還小時，塑造組織文化會較有效，等到組織規模大了，層級變多，組織

文化就難免不容易由上層傳達到基層員工。

　　而當企業發展較成功時,這時塑造組織文化也會較有效。當企業經營不理想或面對困境時,談太多組織文化大家聽不進去,大家會認為只是空談,這是很現實的問題。

　　在集團內,大家的企業文化是一致的,但宏碁因為分散式管理,所以我也尊重每個單位的領導人有自己的風格,在共同的基本信念下,因個人風格不同而在詮釋上有所不同,反而讓宏碁的企業文化更為有效,更能深植到每位同仁的心中,而不是權威式的中央一言堂在洗腦。

問:新科技不斷出現,身處數位時代,新世代的人才要如何因應才不會被淘汰?

Stan 哥:在媒體上常看到元宇宙、NFT、區塊鏈、Web3 等等新名詞,這些都是現在發生中的未來趨勢,就像更早之前媒體經常提到互聯網、搜尋引擎到後來的大數據、AI 等等,這些名詞都是新技術,一

波又一波持續演進發展。

這些新技術不斷堆疊上去，彼此都有關聯性，雖然發展過程需要時間，但隨著新技術發展日漸成熟與普及化，一旦時機成熟，未來一定會影響到每個人的工作與生活。

因此，每當我們又聽到一個新的名詞時，雖然一開始時不懂這個新技術，但我們要利用機會去多接觸，心態上不要排斥，慢慢去了解新技術的真義，以及會帶來哪來新的應用，如何改變我們的工作與生活，甚至進一步利用這個新工具，提升工作效率或讓我們更享受生活。

我要特別強調，新技術帶來外界的變化，並不是像革命，而是一個持續演進的過程，對於各種變化，我們都有足夠的時間去應變，所以當我們面對一個不熟悉的新科技時，我們就要去多了解和接觸，如此面對未來時，才不會對我們自己不利。

問：人工智慧（AI）發展快速，我們要如何來面對

AI 才不致被取代？

Stan 哥：在人類文明的發展過程中，第一波工業革命帶來引擎的出現，速度、載重都遠勝於人類，讓人類的體力可有效延伸；第二波工業革命，電腦的發明下，則讓腦力可大幅延伸。

如今 AI 的時代來臨，電腦運算速度大幅突破，物聯網、大數據以及雲端運算的發展，再加上大量人力與資源的投入，讓各項 AI 的應用進展快速。

AI 的英文是 Artificial Intelligence，雖然一般習慣翻譯為「人工智慧」，但實際上翻譯為「人工智能」可能更為貼切，AI 尚達不到智慧的層次，只是一種智能，不過 AI 的記憶力及運算力可以擴張的空間大，將會是人類生活及文明的重要工具。

我個人的觀察認為，人腦的優勢在於處理較具變化、整合、不可預測及需要創意的事物；至於 AI 的強項則是針對單一能力（如運算、辨識分析圖像、分析大量數據）的表現會遠遠超越人類，主要是處理資

料庫的大數據資料。

在 AI 快速發展下，很多趨勢觀察家也提出未來 AI 將會讓很多原本的工作消失，取代人類原本許多的工作機會。對此，我倒不那麼悲觀，雖然因為 AI 的出現會讓許多工作消失，但相信未來也將會創造出許多新的工作機會。

因此面對 AI 新時代的來臨，未來我們也要有新的思維，從王道的角度來看 AI 的定位，我們應該把 AI 當成和人類一起共創價值的夥伴，將 AI 視為人類的「專業幫手」，借重 AI 這個工具，來協助我們完成工作及任務。

AI 也是人類文明發展中的一個過程，所以不用過度擔心 AI 出現會對社會造成一些衝擊，因為人類文明的演進就是如此，每個時代總是會有創新的事物出現，進而改變我們的生活。

不過我們也不能完全倚賴 AI，人類與 AI「分工合作」，才是最佳的相處之道，人與機器協同工作才

是勝出的關鍵。

　　例如將 AI 應用在服務業，也無法完全取代人的服務，AI 取代的是固定、一成不變的工作，但在服務業的現場，經常需要應變，也會面對很多突發、不可預測的情境，仍只能靠人來處理。

　　面對 AI 浪潮來襲，我認為，台灣未來絕對有很大的機會，不過很重要的是，應該要發展「以人為本」的 AI 應用，更重要的是要以「人本智慧（Humanistic Wisdom）」來引導 AI，讓 AI 有更人性化的思維，並借重台灣過去在高科技產業的發展基礎，對人類文明進展做出貢獻。

　　因此，面對 AI 我們要順勢造勢，AI 已是未來大趨勢，如何勝出，關鍵就是要造自己的勢，但造勢要靠實力，需要時間來累積新核心能力，所以我們要建立跨領域的創新能力，才能在 AI 的新浪朝中不會被淘汰，同時運用 AI 新科技，替未來創造更多的可能性。

附錄

施振榮 Stan 哥：
宏碁創新思維的經營理念

　　宏碁創立於 1976 年，一路走來，從創業到推動
三次的變革再造，過程中同仁由少變多，內部需要充
分溝通，為此施先生想出許多令人印象深刻的經營口
號來凝聚同仁的共識，除了讓同仁對企業價值觀、願
景及使命更為清楚之外，這些經營理念更是有別於當
時一般企業的創新思維，進而形塑成宏碁獨特的組織
文化。

■微處理機的園丁

　　施先生於 1976 年創立宏碁，就是希望不要喪失
微處理機帶來第二次工業革命的契機，否則會變成歷
史的罪人。因此宏碁以「微處理機的園丁」自許，要
將微處理機這個新技術介紹給大家認識，並在台灣努
力推廣。

■人性本善的組織文化

施先生相信「人性本善」，因此「人性本善」一直是宏碁的組織文化，希望提供一個讓全體同仁都可以發揮潛能的舞台。

■窮小子文化（後改為平民文化）

由於創業後公司的資源有限，一開始提出宏碁的文化是「窮小子文化」的精神，希望員工用錢小心，避免浪費。後來公司發展到一定程度後，同仁認為用「窮小子文化」並不理想，不過相對其他資源豐富的企業，宏碁資源仍相對有限，因此後來改為「平民文化」

■集體創業

宏碁一開始原本由七位夥伴集資 100 萬元集體創業，其中施先生與施太太占 50%，另五位創業夥伴各

占 10%。後來其中的兩位創業夥伴先退出,一開始的創業夥伴剩五位,也是大家一般較熟知的宏碁五位共同創辦人:施振榮、葉紫華、林家和、黃少華、邰中和。

■入股分紅,分紅入股

宏碁全員入股的機制,讓宏碁的同仁能先入股,入股後可分紅,大家分紅拿到的錢再增資入股,建構一個利益共同體。宏碁成立的前十年,公司營運每年倍數成長,需要有更多自有資金,股本也要隨公司成長強化,不過由於微處理機的產業太新,外界不太懂,不容易對外募資,因此員工可以自願扣薪水與獎金分二年入股。(當時台灣還沒有創投公司,直到1984年宏碁才創立台灣第一家創投公司—宏大創投公司。)

■老二主義

在宏碁發展的過程中,由於發展初期的條件有限,台灣企業過去在技術與市場中的地位多是做老

三、老四，所以宏碁先以成為老二為目標，等做到老二後，再成為老二中的老大，等日後時機條件成熟，一不小心就有機會做到老大。

■倒向發展

宏碁發展的策略是先由系統做起，待掌握市場後再回過頭來投資零組件，這樣的好處投資也相對較小，加上已掌握市場，風險相對低。倒向發展的策略即是「由右引左」的思維體現，由微笑曲線右端的品牌做起，再往左端的上游零組件進行整合。

■接力式馬拉松

企業（包括各事業部門）的永續需要靠傳承，因此需要透過「接力式馬拉松」，才能一棒交一棒傳承下去，尤其傳承更是企業／部門領導人的重要責任之一，要及早做好傳承的工作，才能有助永續發展。

■小老闆的成就

所謂讓公司同仁當「小老闆」有二個層面的含

義，一方面是當公司的股東，另一方面則是授權同仁做決策，就像是自己當老闆。這其中也包含了有形與無形的成就感。

■智慧掛帥

公司創立初期，同仁內部對究竟是研展重要？行銷重要？財務重要？各有不同看法。施先生指出，其實面對不同情境，都有其重要性，因此整體來說，智慧掛帥，當時並喊出「貢獻智慧、創造未來」的口號。

■為員工繳學費

授權是宏碁的企業文化之一，雖然授權有時員工會犯錯，但也這給員工歷練的最好機會，在過程中累積經驗，所以宏碁會為員工繳學費，為員工的成長而付出代價。

■找替死鬼，為升遷

在宏碁的企業文化中，有一個「找替死鬼」的文

化，指的是為了培養人才，每個部門主管都要訓練人才，只有主管找到自己的接班人，可以頂替自己的位置時，自己才能夠升遷，這也是鼓勵主管要培養自己的接班人。

■宏碁 123

施先生提出「宏碁 123」原則，指的是客戶（市場）第一、員工第二、股東第三做為決策時思考的順序，這個思維的結果最終反而更能照顧到所有的利害相關者，也是一種王道思維的體現。

■人人享受新鮮科技

指藉由科技的普及化，讓大家都能隨時隨地享受到科技帶來的便利生活。

■窮人行銷法

宏碁當年進軍國際舞台時，施先生面對各國的重要媒體的訪問時，訴求是以宏碁的技術創新、管理創新、思維創新來與媒體溝通，建立起 Acer 品牌很好

的定位與形象，也有很好的效益，這樣不花錢，但要花功夫。而且當時以台灣企業的條件，即使花再多錢做廣告，也打不過跨國企業。

■龍騰國際、龍夢成真

施先生在推動宏碁國際化的發展過程中，提出「龍騰國際、龍夢成真」，希望華人在高科技國際舞台揚眉吐氣，也在國際舞台占有一席之地，實現華人的龍夢，對世界做出更多的貢獻。

■龍夢欲成真、群龍先無首

宏碁創業以來所有員工一同打拼，為的是實現「龍夢成真」的理想。而要使這個龍夢成真，很重要的策略就是「群龍先無首」，這也是《易經》書中的最高境界，指的是藉由宏碁的授權文化，讓每個人在自己的工作崗位上扛起責任，眾志成城實現龍夢，而不是只靠一個人。

■ 21 in 21，2000 in 2000

在宏碁 1992 年第一次的轉型過程中，喊出了「21
in 21」的目標，指的是宏碁在進入 21 世紀後目標要
有 21 家上市公司；另外也喊出「2000 in 2000」，指
的是希望在 2000 年達到 2,000 億元營收目標。「21 in
21」和當時推動的「主從架構」有關，希望這些上市
公司能獨立運作，這個目標至今仍在執行發展中。

■群龍計畫

宏碁在 1992 年進行第一次的再造，同時推動「群
龍計畫」，要訓練出 100 位總經理當家作主，能有更
大的發揮舞台與空間。在宏碁三次再造後，更進一步
推動「新群龍計畫」，建立起「要分才會拼、要合才
會贏」的新機制。

■全球品牌、結合地緣

在宏碁國際化的發展過程中，施先生提出要
以「全球品牌、結合地緣」的發展策略，與在地的
合作夥伴攜手共創價值，落實當地化的經營管理，

「Global Brand, Local Touch」。「全球品牌、結合地緣」
這也是有別於美、歐、日等國的「第四種國際化模
式」。

■主從架構組織

施先生將電腦主從架構的基本原則借用於宏碁特
有的管理模型上，在這個管理架構中，各事業單位既
是獨立決策運作的「主」，又是相互支援，作為其他
事業的「從」。即事業單位、集團關係企業或子公司
都被當成獨立的個體，既能夠分享企業的整體資源，
又能保持各自靈活的運作。

■速食式產銷模式

在宏碁國際化的過程中，速食式產銷模式是在台
灣（中央廚房）生產主機板、監視器等零組件，最後
的組裝工作移到海外各地事業單位（速食店），透過
在當地採購、組裝。藉由將成品組裝點移到前線，一
方面可降低成本，又可讓消費者買到相對技術最新鮮
的產品。

■畫大餅，吃小餅

所謂的「畫大餅」，就是喊出一些口號，讓大家感到有未來，有一起攜手共創價值的誘因，例如當年喊出「21 in 21」的目標，希望為同仁創造更大的舞台。但在「畫大餅」外，很重要的是要能讓大家「吃得到小餅」，這樣大家才會繼續一起共同努力，朝大餅的目標邁進。

■大型初創（Mega Star-up）

1992 年，宏碁第一次再造。到了 2000 年，宏碁經營再度面臨挑戰，為此展開第二次再造「世紀變革」，可謂是宏碁的第二次創業，並以「新宏碁（New Acer）」為定位，並希望以「Mega Star-up」（大型初創）的精神帶領新宏碁重新創業，因為每次變革就像是創業，要丟掉過去成功的模式以及舊思維的包袱。2013 年宏碁啟動第三次再造時則以「新新宏碁（New New Acer）」為定位。

■換腦袋或換人

在宏碁 2000 年推動第二次再造「世紀變革」時，施先生喊出「換腦袋或換人」的口號，面對當時大環境的變化，希望公司主管要「換腦袋」，拋棄舊思維，才能繼續帶領公司迎接新的挑戰，否則就要「換人」，讓新的領導人以新思維來帶領公司重新出發。

■巨架構、微服務

宏碁在 2000 年推動世紀變革後，施先生思考資訊服務的新模式時，在 2001 年提出「巨架構、微服務」，宏碁並正式推出「微巨電子化服務」。微巨服務的特色就是把服務變成水平的，過去的資訊服務是垂直的，垂直就不能量化；水平的服務則是大家都使用一樣的服務，像大家都要用水、用電，這樣市場規模才會變大，效益較高。在「巨架構、微服務」提出十年後，市場上雲端服務及 APP 應用日漸普及，即是當年「巨架構、微服務」的概念。

附錄二
施振榮 Stan 哥：台灣未來願景、定位與發展策略的倡議

施振榮 Stan 哥對台灣未來的願景、定位與產業發展策略提出許多獨到且創新的倡議，並以簡單易懂且鮮明的口號來對內外溝通，讓人印象深刻，施先生希望這些思維有助提升台灣整體競爭力，以面對未來的種種的新挑戰。

■科技島（1989）

對於台灣的定位及願景，施先生 1989 年提出「科技島」，對日後台灣產業的發展影響深遠，也帶動台灣科技產業蓬勃發展。

■世界公民（1989）

施先生 1989 年提出「科技島」的同時，也提出「世界公民」的倡議，呼籲企業到每個國家發展都要成為當地的企業公民，並以當地的繁榮與利益為經營目標，成為處處備受讚譽的企業。

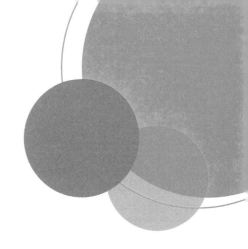

■微笑曲線（1992）

宏碁在 1992 年啟動第一次再造，當時原本個人電腦裝配可以創造價值，後來因為個人電腦裝配的附加價值相對較低，公司要往附加價值相對較高的領域發展，因此要將電腦裝配外移到海外據點，為了要和公司同仁及整個 PC 產業生態溝通，所以在 1992 年提出「微笑曲線」。

■人文科技島（1996）

施先生在 1989 年提出「科技島」，經過七年後，各界對推動台灣科技產業的發展已達共識，也已有很好的發展，因此在 1996 進一步提出「人文科技島」的新願景，強調在科技之外還要有人文創新，做為台灣未來的發展方向。

■王道思維（2011）

　　施先生所談的「王道」，不是古代的帝王之道，而是大大小小組織的領導人之道，「創造價值、利益平衡、永續經營」是王道的三大核心信念。很重要的是，所創造的價值要從「六面向」來看待事物的總價值，在「有形、直接、現在」的顯性價值外，更要重視「無形、間接、未來」的隱性價值。也只有以王道這個不變的信念，來面對外界多變的環境與挑戰，才會較為篤定，王道可說是指引方向的北極星。實際上施先生創業一路走來，都是秉持王道精神，落實在企業經營。

■千倍機會、百倍挑戰—服務業國際化（2011）

　　時值台灣經濟轉型發展的關鍵時刻，2011年施先生提出，台灣未來發展的機會，就在服務業國際化。相對於台灣過去產業發展主力的製造業而言，服務業未來的發展將有千倍的機會，當然相對也有百倍的挑戰等待我們去克服。

■全球研發製造服務中心、全球華人優質生活創新應用中心（2012）

對於台灣產業的發展定位，施先生提出在製造業要成為「全球研發製造服務中心」、在服務業要成為「全球華人優質生活創新應用中心」。

台灣在研製服務方面的實力，讓台灣在全球 ICT 供應鏈扮演舉足輕重的角色。未來在製造領域如果要進一步提升台灣的國際競爭力，策略目標應該打造台灣成為「全球研發製造服務中心」，以研發製造服務的定位，持續強化研發創新及運籌服務的全球佈局，如此方能提升台灣所能創造的附加價值。

至於在華人優質生活的創新應用服務方面，台灣也可以發揮創意，先以台灣為練兵場，找到創新應用的解決方案後，再進一步擴大複製成功經驗到海外市場。

■「由左想右」到「由右引左」（2012）

過去的思維經常是「由左想右」（指由微笑曲線

來看，過去習慣認為左端研發的創新技術，就會是右
端市場需要的新需求），缺乏「由右引左」（指要先
了解右端的市場，由終端使用者的需求出發，借重已
有的技術能量，引導開發用戶導向的創新應用）的思
維。因此施先生提出，我們應從過去「由左想右」（技
術導向）、轉為「由右引左」（市場需求導向），做為
未來的新方向。

■創新矽島（2016）

在宏碁 40 週年慶之際提出，台灣未來的新願景
就要以成為世界的「創新矽島」（Si-nnovation Island）
為定位。美國矽谷目前雖然已無矽（指晶圓生產製
造），但仍是世界創新的源頭。台灣在 40 多年前引進
半導體，如今名符其實已成為矽島。矽是科技創新應
用的源頭，他也期待讓台灣成為世界的創新矽島。

■東方矽文明（2016）

同樣在宏碁 40 週年慶之際提出，台灣未來的新

註：Si-nnovation 也是施先生自創的二個英文單字之一。

願景就要以成為世界的「創新矽島」為定位之外，並打造台灣成為東方矽文明（Si-vilization）的發祥地。尤其過去台灣在 3C 的物質文明已對世界做出具體貢獻，期待未來結合台灣的科技與東方人文兩大元素進行創新，在精神文明方面也對世界做出貢獻。

■內需帶動外銷（2018）

要掌握未來的機會，施先生提出要「以內需帶動外銷」為發展策略，找到可以國際化的應用方案，先在國內市場練兵，先以國內市場的需求，讓台灣業界有將創新落實的舞台，做出世界最領先的解決方案並培養人才後，再進一步以國際為市場，結合各行各業共組「虛擬夢幻國家隊」打國際市場，並與當地合作夥伴攜手合作，攜手共創價值。

■新微笑曲線（2019）

施先生在 1992 年提出微笑曲線，如今新經濟時代來臨，因此他在 2019 年提出了「新微笑曲線」。他

註：Si-vilization 也是施先生自創的二個英文單字之一。

指出，面對未來，產業要轉型升級，要在新經濟時代創造更高的附加價值，就要藉由跨領域整合，借重不同產業將資源共享（共享經濟）以為客戶創造出新的體驗（體驗經濟），才能創造出新價值。「微笑曲線」（1992）與「新微笑曲線」（2019）的最大差異，就是以前是二維的思維，但面對未來，需要有多維的思考。

■人本智慧（2021）

施先生在 2021 提出「人本智慧」的思維，強調在發展 AI 的過程中，要具備善用科技工具的智慧，追求「以人為本」為目標，所有的創新、研發、執行過程都要將「以人為本」的思維落實在組織文化中，應用在各種情境中，進而創造價值並兼顧利益平衡。

■產業 3.0 園區－校園研究園區（2021）

台灣產業園區的發展，1966 年由經濟部啟動設立的「加工出口區」是產業 1.0 的園區，1980 年由國科會設立的「科學園區」是產業 2.0 的園區，面對未

來新挑戰，台灣要打造新一代產業 3.0 的園區－校園研究園區，借重產業界與校園的研發能量攜手共創價值，讓產業界與學術界密切合作，加速朝前瞻技術領域發展，這也是未來要努力的新方向。

- 1976 年：獲選全國十大傑出青年。

- 1976 年：以 100 萬元與創業夥伴共同創立宏碁，開始實踐王道。

- 1981 年：獲選全國青年創業楷模。

- 1983 年：獲選第一屆世界十大傑出青年。

- 1984 年：成立台灣第一家創投公司—宏大創投。

- 1986 年：推動「龍騰國際、龍夢成真」計畫。

- 1987 年：舉辦龍騰論文獎。

- 1989 年：首位民間人士受邀於總統府國父紀念月會演講並提出「科技島」與「世界公民」。

- 1992 年：提出「微笑曲線」。

- 1992 年：再造宏碁（第一次再造）。

■ 1992 年：推動「群龍計畫」（培育百名總經理）。

■ 1999 年：創辦標竿學院。

■ 2000 年：宏碁的世紀變革（第二次再造）。

■ 2004 年：由宏碁退休，但沒有從社會退休，繼續善盡個人社會責任（PSR）。

■ 2005 年：成立智融集團及智榮基金會（由 1988 年成立的秀蓮基金會更名）。

■ 2006 年：獲美國時代雜誌（Time）選為 60 週年「亞洲英雄」。

■ 2007 年：代表總統出席第十五屆亞太經濟合作會議（APEC）之領袖會議。

■ 2011 年：擔任國家文化藝術基金會董事長（2011-2016）。

■ 2011 年：提出王道倡議，並與陳明哲教授創辦「王道薪傳班」。

■ 2011 年：獲頒國家二等景星勳章。

■ 2012 年：獲頒工業技術研究院首屆院士（ITRI Laureate）。

■ 2012 年：成立「龍吟華人市場研發論壇中心」。

■ 2013 年：擔任國科會「創新創業激勵計畫」榮譽教務長。

■ 2013 年：三造宏碁，回宏碁啟動變革接任 210 天董事長。

■ 2014 年：擔任宏碁自建雲（BYOC）首席建構師。

■ 2015 年：與台大會計系劉順仁教授攜手推動「王道經營會計學」計畫。

■ 2016 年：宏碁創立 40 週年，倡議「東方矽文明」。

■ 2016 年：擔任亞洲・矽谷物聯網產業大聯盟榮譽

會長。

■ 2018 年：擔任雲門文化藝術基金會董事長。

■ 2018 年：擔任文化科技發展聯盟召集人。

■ 2019 年：發起舉辦《臺灣的聲音 新年音樂會》並擔任共同製作人。

■ 2019 年：對外發表「新微笑曲線」。

■ 2019 年：75 歲再次創業，與創業夥伴共同創立科文双融公司。

■ 2020 年：發起成立台灣全球無線平台策進會並擔任榮譽理事長。

■ 2020 年：發起成立數位防疫產業大聯盟並擔任共同召集人。

■ 2020 年：與交大管理學院攜手成立「王道經營管理研究中心」並擔任榮譽主任。

■ 2021 年：共同發起成立文化科技發展協會並擔任

首屆理事長。

■ 2021 年：擔任國際聯盟堅韌社會再造委員會國際委員。

■ 2021 年：獲頒文化部「文協獎章」。

■ 2022 年：擔任亞太堅韌研究基金會董事。

■ 2023 年：擔任政大商學院「信義書院」諮詢委員。

■ 2023 年：與政大公企中心攜手開辦「王道薪傳私塾」課程。

註：Stan 哥的由來
除了因為我的英文名字是 Stan 外，2012 年與五月天樂團的主唱阿信一同受邀出席天下雜誌所舉辦的跨世代幸福論壇活動，當時阿信為我取了 Stan 哥這個稱號，我很喜歡，自此之後我都自稱 Stan 哥，也拉近與年輕朋友們的距離。